CHRISTIANE RÖSINGER

# ZUKUNFT MACHEN WIR SPÄTER

Meine Deutschstunden
mit Geflüchteten

 FISCHER

Originalausgabe

Erschienen bei FISCHER Taschenbuch
Frankfurt am Main, April 2017

© 2017 S. Fischer Verlag GmbH,
Hedderichstr. 114, D-60596 Frankfurt am Main

Satz: Dörlemann Satz, Lemförde
Druck und Bindung: CPI books GmbH, Leck
Printed in Germany
ISBN 978-3-596-29804-4

# Inhalt

Lektion 1 – Willkommen!   11
  Willkommen im DaZ   16

Lektion 2 – »Alte Heimat – Neue Heimat«   27
  Geflüchtete   33
  Zweifel   35

Lektion 3 – Häuser und Wohnungen   41
  Helfen   50
  *Kritik des Helfens*   51
  *Helfen hilft*   55
  *Die Stimmung will und will nicht kippen*   59
  *Die Wilmersdorfer Witwen*   61
  *Kunst und narzisstisches Pseudohelfersyndrom*   63

Lektion 4 – Familienleben   73
  Die UMFs   77
  Wenn Hopfen und Malz verloren ist   83

Lektion 5 – Der Tag und die Woche   89
  Zaubern, Spazieren, Räubern   91
  Singen   95
  Das Sommerfest   101

Lektion 6 – Essen und Einkaufen: Guten Appetit!   105

Lektion 7 – Arbeit und Beruf   117
   PI EN DIE   124
   Die Kollegen und Kolleginnen   126
   Lehren lernen   132
   *Die Thannhauser-Kontroverse*   141

Lektion 8 – Gesundheit und Körper: Gute Besserung!   145

Lektion 9 – Wege durch die Stadt   151

Lektion 10 – Leben in Deutschland   161

Lektion 11 – Ämter und Behörden   167

Lektion 12 – Im Kaufhaus   173
   Flohmarkt   179

Lektion 13 – Auf Reisen / Banken und Versicherungen /
Kundendienst   181
   Der Ausflug zum Karpfenteich   185
   Desillusionierung   191
   Das Vorstellungsgespräch   201

Lektion 14 – Zusammenleben und Feste   205
   Abschied von Alpha   212
   Die Weihnachtsfeier   216

Als ich im Sommer 2015 wieder einmal mein badisches Dorf besuchte, mich langweilte und wie so oft über mein verpfuschtes Leben sinnierte, hatte ich eine plötzliche Eingebung: Es ist nicht zu spät, noch einen normalen Beruf zu ergreifen. Endlich raus aus der Zwangskreativität, raus aus dem ewigen Kreislauf, neues Buch, neue Platte, dazwischen Leerlauf, Vergeblichkeitsgefühle, Selbstzweifel. Endlich mal normal und geregelt arbeiten gehen, Kolleginnen haben, morgens rausmüssen, Mittagspause und abends Feierabend!

Irgendwas mit Sprache bot sich an, dann würde es sich jetzt, im Frühherbst des Lebens, doch noch irgendwie auszahlen, dass ich 1994 das Germanistikstudium trotz der Vierfachbelastung, Studium, Kind, Band, Job, abgeschlossen hatte. Vielleicht übersetzen – oder Drehbücher lesen? Aber da sitzt man ja auch wieder den ganzen Tag allein zu Hause. Deutsch unterrichten fiel mir ein, das ist doch prima! Deutsch unterrichten kann man ja ewig lange – bis sechzig oder siebzig kann das gehen. Endlich keine Angst vor Altersarmut mehr! Mit dem vielen Geld vom Deutschunterricht werde ich dann meine Rente (laut letztem Bescheid ab 2021 hundertachtzig Euro monatlich) aufbessern! Wahrscheinlich würde man vorher eine Art Ausbildung oder so was machen müssen, Deutsch als Fremdsprache. Erste Recherchen ergeben, dass dies eine kostspielige Angelegenheit ist. Der allgemein anerkannte Online-Kurs beim Goethe-Institut kostet tausend Euro, die Wochenendseminare bei verschiedenen Sprachschulen dauern ein Jahr, sind auch nicht billiger, und das Zertifikat ist meistens nix wert. Dann tauchten im Internet immer öfter die Zauberworte Integrationskurse, BAMF und DaZ auf. Als studierte Germanistin reicht ein vierwöchiger Kurs, und schon ist man Dozentin für Deutsch als Zweitsprache. Wie gemacht für mich! Zwar warnte man auf verschiedenen Deutschlehrer-Foren vor der miesen Bezahlung; aber das kann eine seit dreißig Jahren prekär lebende Singer-Songwriterin nicht erschüttern. Alle Sorgen mit einem Schlag los und ein krisenfester Job in Aussicht. Denn geflüchtet wird schließlich immer! Ich beschloss, das Projekt gleich nach meiner Rückkehr nach Berlin in Angriff zu nehmen, ging derweilen den typischen Vergnügungen der badischen Sommerfrische nach und hing abends, erschöpft vom Baggersee-Hopping und Fahrradfahren, vor dem Laptop auf Facebook ab.

Die Facebook-Timeline wurde von Tag zu Tag immer unwirklicher. Stündlich neue Geschichten und Artikel zur Lage der Geflüchteten auf Kos, in Traiskirchen und Berlin. Dazwischen Geburtstagskinder, Urlaubsbilder, Paddeltouren. »Warum Veganer besseren Sex haben«, »Which 60s song was written for you?«, »Selbstgezüchtete Zucchini tötet Gärtner«.

Dann Hilferufe von den Berliner Facebook-Freundinnen vom LAGeSo. Dort, am ›Landesamt für Gesundheit und Soziales‹ in Berlin, warteten hunderte Geflüchtete ohne Trinkwasser und Versorgung tagelang bei bis zu siebenunddreißig Grad auf ihre Registrierung. Auf Facebook rollte die große

Hilfswelle an – es bildeten sich in vielen Berliner Stadtteilen Initiativen von ehrenamtlichen Helferinnen: ›Moabit hilft‹, ›Wilmersdorf hilft‹, ›Rahnsdorf hilft‹, ›Kreuzberg hilft‹.

In der nächsten Woche häuften sich die Berichte über die erbarmungslose deutsche Bürokratie, die alles tut, um den Ehrenamtlichen Steine in den Weg zu legen. So kümmerte sich zwar von behördlicher Seite niemand um die Verpflegung der vielen Wartenden, aber wenn Privatleute selbstgekochtes Essen vorbeibrachten, war sofort das Gesundheitsamt vor Ort, um gegen diesen Verstoß gegen die Hygienevorschriften einzuschreiten.

Alles redete über »die Flüchtlinge«, in den Nachrichten, in den Medien. Die einen helfen, die anderen hetzen, dazwischen viele Unbeteiligte wie ich. Man kann das alles nicht mehr ignorieren, dachte ich. Es ist an der Zeit »diese Flüchtlinge« mal selbst kennenzulernen und nebenbei kann ich dann ausprobieren, ob Deutsch unterrichten überhaupt etwas für mich ist. Und so machte ich mich auf die Suche nach einem Deutschkurs.

# Willkommen!

✓ Kann Kontakt aufnehmen, kann sich vorstellen.
✓ Kann Gespräche und Begegnungen adäquat beenden.
✓ Kann fragen, wie es einer Person geht.

Es war 2015, der Spät-Summer-of-Love, alle wollten helfen, die Kanzlerin zeigte ein menschliches Gesicht, die Geflüchteten wurden noch mit Applaus auf den Bahnhöfen empfangen, und in Berlin gab es, wie in ganz Deutschland, viele Deutschkurs-Initiativen, die in einem Netzwerk zusammengefasst waren. Die Kurse fanden in der Mehrzahl in eher unattraktiven Gegenden Berlins wie Lichtenberg, Marzahn und Spandau statt – eben dort, wo man die Geflüchteten in riesigen Lagern, oft außerhalb der Stadt, untergebracht hatte. Wer unterrichten wollte, konnte sich in Tabellen eintragen und sich zum Kennenlernen verabreden.

Meine Wahl fiel zuerst auf eine Initiative im Bezirk Mitte – nicht allzu weit weg von Kreuzberg. Zum ersten Mal im Flüchtlingsheim – trotz meiner Kreuzberger Sozialisation und meiner grundlegenden Refugees-Welcome-Einstellung, wurde mir mulmig zumute. Was würde mich erwarten? Hochgradig traumatisierte, hohlwangige Menschen mit brennenden Augen würden mir stumm gegenübersitzen, beklemmende Stimmung, gebrochene Stimmen, gebrochenes Deutsch, gebrochene Menschen?

Als ich im Heim ankam und in den Unterrichtsraum geführt wurde, der tagsüber ein Spielzimmer für die Kinder war, traf ich zunächst nur eine junge Frau der Initiative. Sie wüsste gar nicht genau, wer noch käme, es wär ja noch Ferienzeit, da wären viele der Lehrerinnen weg und die Geflüchteten kämen dann auch nicht so regelmäßig.

Schließlich kamen doch zwei kurdische Syrerinnen, und Claudia, eine Zehnjährige aus Serbien, die schon seit acht Monaten im Heim war. In meiner damaligen Naivität wunderte ich mich kurz darüber, warum man aus Serbien flüchtet, sagte aber zum Glück nix.

Es wurde ein bisschen Konversation gemacht, wie es geht, was man tagsüber so gemacht und gegessen hat. Claudia hatte mit ihrer Oma in Belgrad telefoniert. Es war schlimm. »Alles kaputt, Serbien – alles kaputt«, sagte sie. In Serbien wäre es so schlimm mit den ganzen Arabern, fuhr Claudia anklagend fort, die machten alles kaputt. Ihre Oma hätte aus der Wohnung ausziehen müssen, weil da jetzt Araber einziehen. Alles furchtbar mit den Arabern. Zum Glück verstanden die Kurdinnen kaum etwas, und die Lehrerin tat etwas, was sich später noch als wichtiges methodisches Unterrichtselement herausstellen sollte: Geschickt vom Thema ablenken.

Ein stilles, junges Geschwisterpaar aus Afghanistan kam dazu. Sie schienen sehr wissbegierig und ernsthaft bei der Sache, langweilten sich aber bei unserem Gespräch und verließen bald wieder den Raum. Hin und wieder kam ein großes Mädchen mit dem Gestus des lässig aufrührerischen Teenagers hereingerauscht, man konnte sie sich sehr gut als Hauptdarstellerin in einem deutschen Independent-Film über eine schlägernde Neuköllner Mädchenbande vorstellen. Sie stolzierte um unseren Tisch herum, brachte Süßigkeiten mit oder verteilte bunte Gummibänder und rauschte wieder davon.

Mir war mittlerweile der Materialschrank gezeigt worden, und ich hatte auf gut Glück ein paar Arbeitsblätter herausgefischt. Der araberkritischen Claudia aus Serbien half ich das Bild des menschlichen Körpers zu beschriften, aber schon bei den Augen hatte sie keine Lust mehr und ging auf ihr Zimmer. Die kurdischen Frauen sagten auf Anfrage, sie wollten sprechen üben, keine Grammatik machen, sprechen wäre wichtig. Sprechen, Sprechen, Sprechen. Wir führten ein nettes Konsumgespräch über die Einkaufsmöglichkeiten bei Rossmann und Lidl, über Produkte zur Körperpflege, Schminke, Deos und Parfüm. Sie freuten sich über bekannte Worte wie »Mascara« und versuchten »Augenbrauen« auszusprechen. Zwischendurch gingen auch sie auf ihre Zimmer und holten Nüsse, Pistazien und Gebäck, das sie uns großzügig anboten.

Die erste Begegnung mit den Geflüchteten war also absolut heiter und nett verlaufen – aber man hat bei einer Deutschkurs-Initiative auch mit »Biodeutschen« zu tun. Eine der inzwischen eingetroffenen Initiatorinnen behandelte mich ganz unfreundlich, gab nur unwillig Antwort auf meine Fragen. Vielleicht wollte sie ihre Energie nicht auf »Neue« verschwenden, die dann eh nicht mehr kommen? Ich beschloss, dort nie mehr hinzugehen.

Schließlich hatte sich auf meine Anfrage beim Netzwerk ›Deutschkurse für alle‹ noch eine Initiative in Kreuzberg, ganz bei mir in der Nähe, gemeldet. Sie könnten noch Unterstützung brauchen, ich sollte einfach mal vorbeikommen und gucken, ob es etwas für mich wäre, schrieb mir eine Tanja. Im Seitenflügel eines linken Wohnprojektes in einer alten Schule, einem typischen Berliner Backsteingebäude mit traditionellem Gerümpel im Flur und Graffiti-patinierten Wänden, standen zwei Frauen mit vielen jungen Männern in der Küche, unterhielten sich laut, lachten, machten sich Nescafé und brühten Tee auf. Ich wurde gleich vorgestellt als eine, die vielleicht auch Deutsch unterrichten wollte, und alle blickten mich erwartungsvoll und lächelnd an, so dass ich mich dort gleich wohl fühlte – es war eben Kreuzberg. Der Unterricht war strukturiert und straight. Man stellte sich gegenseitig vor, buchstabierte, malte Wohnungen und Häuser an die Tafel und sprach darüber, wer in dem Haus lebte. Die Teilnehmer (fast ausschließlich junge Männer), TN im DaZ-Jargon, machten nahezu übermotiviert mit: Junge Männer aus Syrien, Mali, Kamerun, Burkina Faso, eine einzige Frau aus Marokko – aber auch zwei Jungs aus Polen, denn es war ein offener Kurs. Das heißt, jeder kann kommen, ob geflüchtet oder nicht, ohne Anmeldung, ohne Papiere, kostenlos, und man kann jederzeit einsteigen. Dass dies Segen und Fluch zugleich ist, wusste ich damals noch nicht.

Vorerst hospitierte ich nur ab und zu, half bei den Schreibarbeiten, erklärte mal etwas an der Tafel, teilte Arbeitsblätter aus. Ich trug mich in den Doodle als Hospitantin ein und hoffte, dass ich mich nach einem halben Jahr oder so auch mal trauen würde, eine Stunde zu geben.

Aber schon bei meinem dritten Besuch waren achtundzwanzig TN da, aber außer mir keine Lehrerin. Ich hatte nichts vorbereitet, keine Kopien gemacht, es gab keine Bücher, und weil ich die Leute doch auch nicht nach Hause schicken konnte, kam es so zu dem berühmten Sprung ins kalte Wasser: Meine erste Deutschstunde. Ich behandelte die Wochentage, die Monate und die Zahlen bis zwanzig, ließ lesen und zusammen sprechen, schrieb an die Tafel und ließ abschreiben, alle machten eifrig mit und freuten sich, die Wochentage aufsagen zu können. Ich sang kurz das berühmte Lied ›Oh, wann kommst du?‹ von Daliah Lavi an: »Montag, Dienstag, Mittwoch, Donnerstag, Freitag, Samstag, Sonntag, jeder Tag beginnt ohne Ziel«, aber unter Auslassung des langgezogenen Refrains: »Oh, oh, oh, oh, oh, oh – wann kommst du?«. Und so begann meine Karriere als Kursleiterin im DaZ (›Deutsch als Zweitsprache‹).

In der ersten Stunde eines Deutschkurses sollen die TN lernen, wie man sich vorstellt und sich gegenseitig kennenlernen. Bei einem offenen Kurs wie unserem kommt fast jeden Tag jemand Neues, also kann man sich immer wieder neu vorstellen, und so wird das Vorstellen zum ewigen Anfangsritual. Immer wieder:

»Guten Morgen! Wie geht es dir? Wie geht es euch?«

»Ich heiße Christiane und komme aus Deutschland. Ich spreche Deutsch, Englisch und ein bisschen Französisch.«

Dann sind die TN dran, und bis die absoluten Anfänger sagen können, wie sie heißen, woher sie kommen und welche Sprache sie sprechen, vergeht einige Zeit – allein damit kann man sich schon Wochen aufhalten. Es gibt immer die Sprachbegabten, die Beflissenen. Aber eben auch die Nullchecker, bei denen man immer wieder von vorne anfangen muss. Wenn einer kein Wort Deutsch kann, wenn er neu ist im Land, wenn er schüchtern und verwirrt ist, weil man ihn direkt anspricht, wenn er nichts versteht und ihm alles peinlich ist, dann spricht er mir panisch alles nach und sagt:

»Ich heiße Christiane.«

Wenn er Glück hat, sitzen Landsleute neben ihm, die ihm vorsagen, wenn er Pech hat, merkt er, dass die anderen kichern. Was alle nach der ersten Stunde schon sehr gerne und oft sagen:

»Wie geht's? Wie geht es dir?«

»Danke, es geht mir gut!«

»Es geht mir sehr gut! Alles klar!«

Wir duzen uns alle – das ist für die meisten hier der gewohnte Umgangston, und in unserem Kurs geht es ja informell zu. Um das »Sie« kümmern wir uns nur am Rande, wiederholen aber immer die Regel:

»Hier im Kurs sagen wir immer du – aber draußen, beim Einkaufen, bei der Polizei, beim Doktor, Jobcenter, LAGeSo, im Geschäft, besser immer ›Sie‹ sagen!«

## Willkommen im DaZ

In der ersten Anfangseuphorie erzählte ich allen in den höchsten Flötentönen von meiner neuen Tätigkeit. Wie toll das Unterrichten ist! Wie einfach es geht, trotz aller Verständigungsprobleme! Was für eine angenehme, schöne Tätigkeit das Deutschlehren doch ist! Viel besser und erfüllender als das ewige Um-sich-selbst-Drehen beim Lieder- und Texteschreiben. Die Leute schütteln den Kopf, weil sie sich den Umgang mit geflüchteten Menschen als sehr schwierig und belastend vorstellen, das Leben als Musikerin und Gelegenheitsautorin hingegen als glanzvoll und mühelos.

Eva, seit etwa zwanzig Jahren DaF-Lehrerin (›Deutsch als Fremdsprache‹) in Heidelberg, antwortete auf meine euphorischen Mailberichte: »Mach du mal ein halbes Jahr mit Adjektivendungen rum, dann bist du froh, wenn du wieder eine Platte machen kannst!«

»Das mach ich ja so oder so«, schrieb ich zurück. Aber auch wenn es keiner glaubt, das Unterrichten macht mir mehr Spaß als alles andere.

Es ist tatsächlich soweit: Die Sehnsucht nach einer regelmäßigen Arbeit, einer normalen, »nichtkreativen« Arbeit – sie hat endlich zu einer sinnvollen, wenn auch unbezahlten Beschäftigung geführt. Schon seit Jahren hatte ich mich mit diesem leichten Unwohlsein in der freiberuflichen »Boheme« herumgeschlagen. Ich beneidete Bekannte, die bei einem Verlag, einer Produktionsfirma, in einer Buchhandlung arbeiteten, sah aber keine Chance für mich, in einem solchen Metier Fuß zu fassen. Manchmal träumte ich von einer relativ stumpfen, vielleicht leicht ordnenden oder überwachenden Tätigkeit als Erholung von der ständigen Zwangskreativität.

Seit meiner Jugend, seit der Lehre zur Buchhändlerin, war ich dem Irrglauben anheimgefallen, das Schreckgespenst entfremdete Arbeit geißle den Menschen und es gäbe nichts Schlimmeres, als den ganzen Tag im Büro zu sitzen. Dabei war ich damals natürlich mit achtzehn Jahren zu jung, um die Vorzüge von festen Arbeitszeiten zu schätzen. Ich litt unter den langen Öffnungszeiten der Buchhandlung, unter den immer gleichen Verrichtungen im Sortimentsbuchhandel. In meiner damaligen neuen Clique, alle zwei, drei Jahre älter als ich, überlegte man zur selben Zeit, was man denn so studieren könnte. Eine meiner Hauptmotivationen, Musikerin zu werden, war ja auch, der geregelten Arbeit zu entgehen.

Aber als dann die stressigen Jahre – allein mit Kind, Studium, Job und Band – vorbei waren, änderte sich das langsam. Manchmal erträumte ich mir in den Jahren, in denen keine Platte, keine Tour und kein Buch anstand und kaum Geld ins Haus kam, eine von außen aufgezwungene Struktur. Einen Grund, morgens aufzustehen, und regelmäßige Überweisungen auf mein Konto. Die Idee, der freie Journalismus sollte mein Musikerinnenleben finanzieren, erwies sich bald als totale Schnapsidee. Die wenigsten Menschen haben eine Vorstellung davon, wie wenig man mit Musik tatsächlich verdient. Fast gar nichts, so lange man nicht sehr bekannt ist, mindestens zwanzigtausend CDs verkauft und ständig auf Tour ist. Als freie Autorin in Berlin zu überleben ist auch fast unmöglich. Man müsste jeden Tag einen Artikel schreiben und zusätzlich immer neue Aufträge an Land ziehen, Vorschläge machen, recherchieren. Eigentlich geht es nur, wenn man sonstige Einkünfte hat und das Schreiben als schickes Hobby betreibt. Einen bezahlten Job hatte ich jetzt mit dem Deutschunterricht zwar auch nicht, aber eine neue Aufgabe; ein neues Projekt. Und so unkreativ ist das Unterrichten gar nicht. Man muss sich ständig etwas Neues einfallen lassen. Trotzdem versteht keiner meine Begeisterung.

»Es ist wie ein Auftritt!«, erkläre ich. Man muss die Leute in der Klasse letztendlich ja auch unterhalten, man muss schauen, dass sie sich nicht langweilen! Zum Glück habe ich eine kräftige Stimme und keine Angst vor Menschen, das ist schon die halbe Miete.

Am Anfang war es wie auf der Bühne: Je mehr Leute da waren, desto wohler fühlte ich mich. Manchmal war ich richtiggehend enttäuscht, wenn statt dreißig nur zehn

TN kamen. Während man an den mauen Abenden auf der Bühne, während des Sprechens und Singens, manchmal schon taxiert, wie viele wohl da sein mögen – wie viel Zahlende im Fachjargon – und sich bei Besuchermangel die zu erwartende mickrige Gage ausrechnet, ist es auch im Unterricht enttäuschend, wenn nur wenige TN kommen. Ein Kurs mit fünfundzwanzig Leuten ist zwar total anstrengend, vor allem wenn auch nach einer Stunde Unterrichtsbeginn die Tür immer wieder aufgeht und ständig Neue dazu kommen, aber es ist fordernder, es ist mehr Energie im Raum, die TN trauen sich in einer großen Gruppe mehr zu.

Jemandem Deutsch beizubringen, mit dem man keine gemeinsame Sprache für Erklärungen hat, geht nur mit Gesten und Pantomime, mit Zeichnungen und Bildern, und das schlaucht. Nach meinen ersten Stunden war ich total fertig und musste mich manchmal sogar hinlegen. Und nach zwei Wochen wurde mir klar, dass man an das Unterrichten doch anders herangehen muss, vielleicht doch mit einem Plan und einem System.

Das Internet ist voll von Hinweisen und Links für ehrenamtliche Deutschlehrer. Man soll nur zehn bis fünfzehn neue Worte pro Stunde einführen, und ein neues Wort muss vierundvierzig Mal wiederholt werden, bis es wirklich im Gedächtnis bleibt – wie soll man das schaffen? Manchmal klappt das alles nicht, was ich mir für die Stunde vorgenommen hatte. Ich kann mich nicht verständlich machen, und alle sind ratlos. Manche schauen in ihren Smartphones nach, die Übersetzungen sind meistens nutzlos. Unser Kurs bekommt kein Geld und keinerlei finanzielle Unterstützung, wir haben keine Bücher und machen für jede Stunde Kopien. Man schreibt viel an die Tafel, fordert die TN zum Sprechen auf, teilt Arbeitsblätter aus. Dann rumgehen, erklären, was zu tun ist, und die Lösungen zusammen besprechen – fertig. Das scheint einfach. Aber dann sind die Arbeitsblätter viel schneller bearbeitet als geplant und dann sitzt man da. Ohne Buch, ohne Struktur, ohne Ahnung. Zur beliebten »Schwellendidaktik« – an der Schwelle zum Klassenzimmer überlegen, was man heute macht – braucht es etwas mehr Erfahrung, als ich sie habe. Schließlich kam, fast fünfundzwanzig Jahre nach dem Studium, dann doch die Germanistin in mir raus und die wollte der Sache mit der Sprachvermittlung und dem Zweitspracherwerb auf den Grund gehen.

Was ist eigentlich der Unterschied zwischen DaF und DaZ? Ich schlug bei Wikipedia nach.

›Deutsch als Fremdsprache‹ (DaF) ist zu unterscheiden von ›Deutsch als Zweitsprache‹ (DaZ).

Von ›Deutsch als Zweitsprache‹ spricht man, wenn die deutsche Sprache in einem deutschsprachigen Land erworben wird und zum alltäglichen Gebrauch notwendig ist. Der Erwerb erfolgt dabei weitgehend im Alltag, am Arbeitsplatz, im Schulalltag und in der Freizeit, aber auch in speziellen DaZ-Kursen. ›Deutsch als Fremdsprache‹ (DaF) hingegen lernt man eher im eigenen Land an der Schule oder Universität, eher im Rahmen von Fremdsprachenunterricht. Ich würde also DAZ-Fachkraft werden. Aha. Und was heißt A1, A2? Und A1.1? Ein völlig neues Forschungsfeld tut sich auf. Man spricht also gar nicht mehr von »Grundkenntnissen«, sondern man sagt jetzt A1, und das heißt dann:

»Kann vertraute, alltägliche Ausdrücke und ganz einfache Sätze verstehen und verwenden, die auf die Befriedigung konkreter Bedürfnisse zielen.«

Bei A2 kann man ein bisschen mehr. Aber zu der elementaren Sprachanwendung zur selbständigen Sprachanwendung kommt es erst bei B1. Ich gehe in die Bibliothek, vergleiche die Lehrwerke, die aber alle nicht so richtig für unsere TN passen. Es geht um schicke junge Leute, die sich über Designercouchs austauschen. Ihr Leben ist ein einziger Flirt, ein Ins-Kino-Gehen, Party machen, Einkaufen gehen, Sehenswürdigkeiten bei Städtefahrten besichtigen, Urlaub planen, Sonnenbrille und Sonnencreme nicht vergessen! Ich halte mich an die Lehrwerke, die für Integrationskurse konzipiert sind, die in der DaZ-Sprache eine flache Progression haben und für lernungewohnte TN gedacht sind. Am besten geeignet für unseren Unterricht sind die Lehrwerke, in denen man bei null anfängt, bei A1.1. Also bei dem berühmten »Ich heiße«, »Ich komme aus«. Der Wortschatz wird über kurze Bildgeschichten zu den Alltagsthemen, Einkauf, Familie, Wohnen, Gesundheit, Arbeit usw., erschlossen, die Grammatik wird eher nebenbei vermittelt, es geht um das Sprechen in Alltagssituationen. Das ist es ja auch, was unsere TN brauchen.

Ich leihe mir alles aus, kopiere Arbeitsblätter, ich lade mir die »Handreichungen für den Lehrer« von den Seiten der Schulbuchverlage herunter, ich forsche nach. Es ist toll. Manchmal aber auch ein bisschen beschämend. Da hat man sechzehn Semester Germanistik studiert, ist Magistra und muss trotzdem kurz überlegen, was jetzt noch mal Akkusativ ist, was Modalverben und trennbare Verben sind. Aber man kann sich das alles auch schnell draufschaffen.

Was habe ich während des Studiums an der FU eigentlich gemacht, fragte ich mich in diesen ersten Wochen. Hatte ich im Grundstudium nicht auch mal Linguistik? Ich hatte. Ich hatte aber auch meine Anwesenheit in diesem Fach auf das Allernotwendigste begrenzt. Innerhalb des Faches Germanistik hatte ich im Grundstudium die Schwerpunkte Literaturwissenschaft und Mediävistik gewählt. Mediävistik war noch interessant, ich hatte schon immer ein Faible für das Mittelhochdeutsche und als Dreizehnjährige alle Ougenweide-Platten. Meine ersten eigenen Songs waren Vertonungen von Mittelalter-Gedichten. Aus ›Ich zôch mir einen valken‹ (Der von Kürenberg, 12. Jahrhundert) hatte ich schon in frühester Jugend einen Zweiminutensong ohne Refrain gemacht. Auch an eine Hausarbeit über die ›Motivation von hinten‹ bei ›Die schöne Magelone‹ und dem Roman des 16. Jahrhunderts erinnerte ich mich. Es ging um die Durchschaubarkeit des Erzählens und der Finalität; das Handlungsgeschehen wird vom Ende her motiviert, die lineare Handlung kennt keine Rückblicke, keine Parallelhandlung. Alles, was geschieht, dient dem Zweck, die Geschichte auf ein bestimmtes, von vornherein feststehendes Ende zuzuführen. Das alles fand ich hochinteressant, nur Linguistik war furchtbar. Ein uninspirierter Dozent mit einschläferndem Tonfall, das überfüllte Seminar immer frühmorgens, und wenn man es zweimal verpasst hatte, war es eh sinnlos. Eine Hausarbeit musste ich aber schreiben. Ich suchte mir das Thema ›Modalpartikel bei Therapiegesprächen‹ aus und bekam authentisches Material von Therapiesitzungen nach Suizidversuchen ausgehändigt. Ich hörte stundenlang die Kassetten ab, transkribierte die Therapiegespräche und schrieb irgendwas zusammen. Auf Nummer Sicher zu gehen und auf Lehramt zu studieren hatte ich nur ganz kurz, während einer schwachen Minute ganz zu Beginn des Studiums, überlegt. Der durchgeplante Stundenplan des Studiums hatte mich aber sofort abgeschreckt. Und wenn mir in den Seminaren mal Lehramtsstudenten begegneten, fand ich sie meistens noch langweiliger als alle anderen. Das mag daran gelegen haben, dass die meisten das Studium nicht aus Begeisterung für den Lehrberuf, sondern für die Verbeamtung auf Lebenszeit gewählt hatten. Gegen Ende des Studiums hatte ich noch mal überlegt, ein kurzes Zusatzstudium ›Deutsch als Fremdsprache‹ anzuhängen, aber da war ja gerade meine erste Band auf dem Höhepunkt ihrer kurzen Karriere. »Ich werde immer Musik machen, mich immer irgendwie durchschlagen«, dachte ich damals. Stimmt ja auch.

Die Schwierigkeiten des DaZ-Unterrichts und die Tücken der deutschen Grammatik erschließen sich der Muttersprachlerin ja erst, wenn sie unterrichtet und auch erst nach den ersten Kapiteln. Wie gut, dass Wechselpräpositionen bei den Geflüchteten erst mal kein Thema sind.

Aber trotz aller Rückschläge: Es ist alles so handfest und hat nichts mit mir zu tun. Ich muss mich nicht mit mir und meiner Innerlichkeit, dem Popdiskurs, der Musikszene, ihren Trends und Geschmäckern auseinandersetzen. Ich bin nicht zu alt, oder nicht mehr jung genug für den Job, nicht zu negativ oder zu misanthropisch, ich muss mich nicht ständig mit anderen vergleichen. Ich blättere Lehrwerke durch, suche etwas aus und probiere in der nächsten Stunde aus, ob es klappt. Ich bin begeistert.

So war ich in den ersten Wochen meiner neuen Tätigkeit richtig glücklich. Am Vortag meines Kurses überlegte ich mir ein Thema, ging dann in den Copyshop. Abends schaute ich alles noch einmal durch, was sehr wichtig ist, denn manchmal kapiert man selbst nicht, was die TN bei den Aufgaben machen sollen. Wenn ich dann morgens früher als sonst aufstand, beim Kaffee die Kopien noch einmal sortierte und mich auf dem Weg zum Kurs machte, beim Gehen in den Himmel schaute, weil ich gehört hatte, das würde den Menschen optimistisch stimmen – wer hin und wieder zu Niedergeschlagenheit neigt, der muss mit sich selbst diplomatisch sein und versuchen, sich mit allen möglichen Kunststückchen bei Laune zu halten. Wenn ich also mit gutem Zureden versuchte, meine Morgendepression zu unterdrücken, und mich langsam dem »Schulhof« und der Eingangstür unserer Klasse näherte, dann standen manche TN schon lange vor Unterrichtsbeginn vor der Tür und begrüßten mich mit den neu gelernten Sätzen:

»Hallo. Guten Morgen, wie geht es dir? Wie geht es Ihnen? Guten Morgen!«

»Danke, mir geht es ganz gut! Und wie geht es Ihnen, mein Herr?«, antworte ich.

Dann habe ich plötzlich gute Laune. Ich muss mich gar nicht groß zusammenreißen. Die TN sind froh, diese ersten Worte zu können und der Situation adäquat auszusprechen, und ich bin froh, weil ich ihnen etwas beibringen konnte und sie froh sind. Und so schaukelt sich dieses Frohsein gegenseitig hoch, und mit etwas Glück bleibt es auch die nächsten zwei Stunden da. Und wenn der Kurs zu Ende ist und sich jeder mit »Bis morgen!« und »Danke!« oder »Auf Wiedersehen!« verabschiedet und sich die letzten Grüppchen zerstreut haben, mache ich mich mit guter Laune auf den Heimweg. Selbst die alten Kreuzberger Wege, die Straßen, die mir so langweilig und sinnlos und in all den Jahren durch meine eigenen Fußstapfen schon ganz ausgelatscht schienen, sind jetzt neu und anders.

Natürlich sind alle Sinnlosigkeiten des Lebens noch da, mache ich mir Sorgen um die Zukunft, ekelt mich das Musikgeschäft an, fallen mir keine gescheiten Texte ein, fällt mir kein Thema für die wöchentliche Kolumne ein, und statt zu schreiben, habe ich abends wieder stundenlang sinnlos ferngesehen, weil ich so undiszipliniert und faul bin, weil es eh alles sinnlos ist, weil mir nichts einfällt, weil alles gesagt ist, weil es eh schon so viel schreckliche Musik gibt und die allerblödeste Musik den größten Erfolg hat, weil man mit Musik kein Geld verdienen und von Musik nicht leben kann, weil es als freie Journalistin auch nicht besser ist, weil es zu spät ist, etwas Neues anzufangen, weil man ständig älter wird. Dann muss noch über die prekäre Lage, die düstere Zukunft, die Enttäuschung über Menschen an sich, verflossene Liebschaften, die Sorge um die Kinder, Kindeskinder, Verwandte, Bekannte, Haustiere, die allgemeine Weltlage gegrübelt werden. Aber ich kann mir denken, dass die TN, die sich morgens von ihren Notunterkünften aus auf den Weg zum Deutschkurs machen, ganz andere Probleme haben. Deshalb kann und will ich ihnen auch nur mit guter Laune entgegentreten, und meine anfangs halb gespielte Munterkeit, mein innerliches Zusammenreißen, wird dann echte Munterkeit. Es ist meistens auch sehr nett und richtig lustig. Und es geht nicht nur mir so, auch den anderen im Team, denn sonst würden sie das ja nicht seit Jahren machen. Auch unser Seniorboy (achtundsiebzig Jahre) sagt, er gehe immer besser gelaunt mit einem Lächeln aus dem Unterricht heraus, als er gekommen sei. Und das nach über vierzig Jahren Schuldienst in verschiedenen Ländern und nach fünfzehn Jahren Integrationskurs in Berlin.

## Lektion 2
# »Alte Heimat – neue Heimat«

✓ Kann sagen, welche Sprachen er / sie spricht.
✓ Kann persönliche Angaben machen.
✓ Kann über Länder und Kontinente sprechen.

»Woher kommst du?« – das werden die TN immer gefragt, in jeder Vorstellungsrunde, jeden Tag. Ich heiße Christiane und komme aus Deutschland, ich heiße Jamal und komme aus Afghanistan, ich heiße Mohammed und komme aus Syrien, Mohammed aus dem Irak, Mamadou aus dem Senegal, Tuncay aus Afghanistan, Rajab aus Pakistan, Mohammed aus dem Iran, Mahamoud aus Mali, ich heiße Blaise und komme aus Burkina Faso, ich heiße Valery, ich heiße Kingsley, Fahim, Adnan, Antoine, Saliou, Achmad, Baschar, Mahmoud, Syrene, Ossana, Belinda, Aicha, Noria, Jussuf, Selim, Aziz, Samim, Tuncay, Ari, Andrej, Tarek, Momodu, Chamberlain, Rodriguez. Wie bist du hierhergekommen, warum bist du gekommen? Bist du allein oder mit Familie gekommen? Das fragen wir nicht, das sind Polizistenfragen. Ich denke, sie werden ihre Gründe haben, hier zu sein, niemand flieht ohne Grund. Außerdem: Geflüchtete Menschen müssen immer und überall ständig Auskunft geben, woher sie kommen, warum sie von zu Hause weg sind, von wo sie eingereist sind. Unser Kurs soll ja ein freier, ein »geschützter« Raum sein, jeder kann kommen, ohne Papiere, ohne Anmeldung. Es geht nicht um ihre Geschichte, es geht ums Deutschlernen. Wenn sie etwas erzählen wollen, werden sie die Gelegenheit suchen und finden, um uns anzusprechen.

Die Stimmung ist auffallend heiter. Wer eine Sprache lernt, macht Fehler, produziert seltsame Laute, Geräusche, macht ein komisches Gesicht, viele kleine Peinlichkeiten, denen man am besten mit einem Lachen begegnet. Wir lachen und scherzen also viel. Ich denke mir, wer so ein problematisches Leben hat, will bestimmt nicht ständig darüber reden. Und eine Flucht übers Mittelmeer gibt vielleicht eine herzzerreißende dramatische Geschichte ab, aber vielleicht ist es nicht besonders würdevoll unter Lebensgefahr, in einem Boot eingepfercht nach Deutschland zu kommen? Vielleicht will man hier ein anderes Bild von sich zeigen. Nicht ein »Flüchtlings-Selbstbild«, sondern ein »Lerner-Selbstbild«: Ich lerne Deutsch, ich tue etwas Sinnvolles, was mein Leben in Zukunft besser machen wird. Der Deutschkurs gibt vielen ein bisschen Struktur und eine Aufgabe, manche reisen aus den Bezirken am Stadtrand über eine Stunde mit der U-Bahn an. Wir reden nicht über ihre Probleme, wir reden über trennbare Verben, das ist problematisch genug.

Heute sollen wir nun also über »Alte Heimat – Neue Heimat« reden. Die Kontinente anhand von Bildern erkennen. Heute kommen die TN aus Afghanistan, Pakistan, dem Irak, aus Burkina Faso, Mali und Kamerun, aus Syrien, Marokko und Tunesien. Ich erzähle, dass ich vom afrikanischen Kontinent nur Ägypten und Namibia kenne und vom asiatischen nur die Türkei, Georgien und Aserbaidschan. Meine weitgereisten TN sind total verwundert, dabei bin ich im Vergleich zu meinen jüngeren bildungsbürgerlichen Mittelschichtfreundinnen nicht gerade viel rumgekommen. Keine Urlaubsreisen mit den Eltern, wer einen Bauernhof hat, verreist nicht. Ich war während der Schulzeit nicht als Austauschschülerin ein Jahr in den USA und nach dem Abitur nicht auf Weltreise oder zum Ökologischen Jahr in Brasilien oder Peru, ich hab' nicht im Ausland studiert, war nie in Japan, Südamerika, China, Australien. Ich habe immer Bands gehabt und war in Deutschland, Österreich und der Schweiz auf Tournee. Trotzdem muss ich mit meinen paar Fernreisen auf die TN wie eine Luxusnudel wirken. Beim Thema »Alte Heimat – Neue Heimat« versuche ich die politische Lage, Fluchtgründe usw. außen vor zu lassen, es sei denn, die TN fangen selbst davon an, was nie vorkommt. Ich frage nach dem Klima und den Nachbarländern und bessere dabei meine eigenen, eher dürftigen, geographischen Kenntnisse auf. Aber es freut die TN auch, wenn sie mir mal was erklären können. Manche Länder wie Afghanistan und Pakistan haben erstaunlich viele Nachbarländer: China, Iran, Pakistan, Tadschikistan, Turkmenistan, Usbekistan. Von manchen Hauptstädten wie Yamoussoukro (Elfenbeinküste) hab ich noch nie gehört, andere wie Ouagadougou (Burkina Faso) sind für mich fast unaussprechlich. Ich erfahre, dass man auch Ouaga sagen kann. Islamabad, Kabul, Aleppo, Masar-e Scharif, Ar-Raqqa, Timbuktu und Bamako kennt man aus den Nachrichten. Wir schauen uns das auf der Karte an, und auf einmal fällt mir auf, dass sie diese weiten Wege zu Fuß, auf Lkw-Pritschen, in Booten und Bussen gekommen sind.

»Wer ist schon einmal mit einem Flugzeug geflogen?«, frage ich.

Keiner von sechsundzwanzig. Manche zeigen mir ihre

Reiserouten auf der Karte. Libanon – Russland – Norwegen – Dänemark – Deutschland. Afghanistan – Iran – Türkei – Griechenland – Deutschland.

Manche sehen schon wie alte Männer, manche wie normale Teenager aus. Vielleicht steckt auch nicht überall ein schweres Schicksal dahinter, wie bei dem fixen, vorlauten Ahmed. Er spricht so gut Englisch, dass ich ihn manchmal ums Übersetzen ins Arabische bitte. Seine neue Position als Hilfslehrer gefällt ihm aber so gut, dass er sich jetzt grundsätzlich neben mir in der Raummitte aufbaut und seine syrischen Kollegen belehrt. Die sind aber auch schon genervt, und die afrikanischen TN erst recht – sie sprechen eher Französisch als Englisch. Ahmed wirkt nicht traumatisiert, aber was weiß ich denn schon darüber, wie sich traumatisierte Menschen verhalten? Ich könnte mir vorstellen, dass bei manchen auch Hoffnungslosigkeit gepaart mit Abenteuerlust den Ausschlag gegeben hat:

»Hier ist alles scheiße, alles kaputt; komm, wir gucken mal, ob wir es schaffen, ob wir durchkommen bis Deutschland.«

Wazim, ein agiler, fast überhilfsbereiter Programmierer aus Syrien, bedankte sich einmal, als wir nach dem Unterricht noch auf dem Flur standen, auf Englisch überschwänglich bei mir und meinen Kolleginnen für unsere Hilfe und unseren Unterricht.

»Aber es macht uns doch auch so Spaß mit euch«, sage ich.

»My pleasure! Ich hätte nie gedacht, dass es so lustig mit euch ist!«

Aber da verdüstert sich sein Gesicht, die Stimmung sinkt.

»Believe me, we have suffered enough«, sagt er. »Everyone of us«, und zeigt auf seine Freunde, »has many dead people in the family.«

**30**

Und bei vierhundertsiebzigtausend Toten in Syrien in den letzten fünf Jahren muss man das eigentlich auch gar nicht mehr erklären.

Zu unseren Kursen kommen fast nur Männer. Viele sind Singles, junge Männer, die sich alleine auf den Weg gemacht haben. Von Frauen, die sich alleine auf den Weg machen, hört man selten. Um die geflüchteten Frauen in Berlin zu erreichen, müsste man Kurse mit Kinderbetreuung anbieten oder direkt in die Heime gehen zum Unterricht. Es gibt Frauenkurse und Elternkurse, das sind Kurse, die noch unter dem Niveau eines Anfängerkurses liegen und noch langsamer voranschreiten. Zuerst empfand ich das als Beleidigung den Frauen gegenüber. Frauenkurse, weil Frauen per se lernschwach sind? Die wenigen Frauen, die in unseren Kurs kommen, sind sehr engagiert und selbstbewusst und meist fixer als die Männer. Es sind Journalistinnen, Jurastudentinnen, Lehrerinnen aus Syrien und Afghanistan. Sie bleiben nicht lange bei uns, weil sie bald einen richtigen Kurs mit Büchern und täglichem Unterricht finden. Viele der Frauen in den Heimen sind schwerer zu motivieren, erzählen Kolleginnen. Das hat auch immer mit dem traditionellen Familienbild und dem Stand der Frauenbildung in ihrem Heimatland zu tun. Lernungewohnte Frauen brauchen ein vertrautes Umfeld, sie gehen eher zu den Kursen ihrer Landsleute oder zu den Kursen der türkischen oder kurdischen Frauenvereine in Kreuzberg. Einen Kurs für Frauen anzubieten reicht nicht aus, man muss sich auch um die Kinderbetreuung kümmern. Für viele ist es ungewohnt, ihre Kinder mehrere Stunden unter fremde Aufsicht zu geben. Manche denken auch, es reiche, wenn einer in der Familie, der Mann, Deutsch lernt. Und die Familienarbeit hat immer Vorrang: Muss gekocht oder bei der Essensausgabe geholfen werden, entfällt die Deutschstunde selbstverständlich. Eine Kollegin, die versucht, einen Frauen-Alphabetisierungskurs auf die Beine zu stellen, ist dazu übergegangen, den Kurs im Heim abzuhalten. Vor allem die älteren Frauen dort konnten es kaum glauben, dass ihnen jemand etwas beibringen will. Sie sind nicht gewohnt, überhaupt etwas für sich selbst zu tun. Später lernte ich in einem Abendkurs eine junge Frau aus Afghanistan kennen. Sie war als Hindu in Afghanistan hochgefährdet und hat eine »gute Bleibeperspektive« hier. Im Kurs klingelt alle zehn Minuten ihr Telefon, und ich kann nicht durchsetzen, dass sie es ausmacht. Sie stellte es immerhin leise und verlässt dann den Unterricht, um lange Gespräche zu führen. Ihr Mann und ihre Schwiegermutter rufen dauernd an:

»Wo ist das Salz, wo sind die Hausschuhe für die Kinder?« Die Kinder rufen an: »Mama, wo bist du?«

Ich bot ihr an, ans Telefon zu gehen und auf Englisch zu sagen:

»Hier ist die Lehrerin vom Deutschkurs – Sajani kann nicht ans Telefon gehen, wir sind im Unterricht, bitte rufen Sie nicht mehr an.«

Das wäre aber unmöglich für sie gewesen. Sie ist eine moderne Afghanin, sie spricht gut Englisch, sie will schnell Deutsch lernen, dann eine Ausbildung machen und arbeiten gehen. Aber es ist völlig klar, dass die Familie immer zuerst kommt. Sie wohnt mit ihrem Mann, ihrer Schwiegermutter, dem Schwager und zwei Kindern in einer Hochhaussiedlung im vierzehnten Stock, immerhin drei Zimmer und achtzig Quadratmeter. Als wir abends nach einem Ausflug ein Stück zusammen gehen, frage ich sie, ob es für sie denn hier wirklich besser ist, mit der Familie, der Schwiegermutter, in der Enge in der Wohnung. Sie schaut mich entgeistert an:

»Walking like this in Afghanistan?«, und zeigt auf ihre enge rote Hose und ihr T-Shirt. »Never!« Sie sagt, sie würde in diesem Aufzug auf der Straße von Frauen bespuckt und von Männern geschlagen werden. Und sie erzählt, dass sie nie allein aus dem Haus konnte, nur in Begleitung ihres Mannes oder Bruders.

»Es ist alles sehr gut hier. Deutschland ist sehr gut«, sagt sie, glücklich, in der Dämmerung in Hose und T-Shirt die Straße langzugehen, zurück in ihre Hochhaussiedlung, auch wenn sie morgen wieder den ganzen Tag in der Küche stehen und alle bedienen wird.


## Geflüchtete

Es setzt sich jetzt allgemein durch, nicht mehr von »Flüchtlingen«, sondern von Geflüchteten zu reden. Man kann das Wort auch gespreizt und lächerlich finden. Aber Sprache prägt nun mal das Bewusstsein – wer sollte daran glauben wenn nicht Sprachlehrerinnen? Und was am Anfang ungewohnt und gespreizt wirkt, hat doch Sinn. Der »Flüchtling« – das hört sich zuerst einmal ganz wertfrei an. Aber es gibt die »Flüchtlingskrise«, die »Flüchtlingsflut«, den »Flüchtlingstsunami« – und das nicht nur in der rechtspopulistischen Propaganda, sondern auch in Zeitungen und Nachrichten verwendet man dieses Wort, statt mit neutraleren Worten zum Beispiel von Geflüchtetenbewegungen zu sprechen. Schaut man sich die »Flüchtlingskrise« genauer an, so ist

…ese »Flüchtlingskrise« – nicht nur in Berlin – eher …se der Institutionen und der Verwaltungen. Aber …orte machen Politik. So würde man wohl kaum die Tatsache, dass Kindergartenplätze fehlen mit dem Schlagwort »Kleinkinderkrise« umschreiben – denn Eltern haben ja ein Recht auf Kinderbetreuung. Das Recht auf Asyl ist allerdings auch gesetzlich festgeschrieben.

Der »Flüchtling« ist rein männlich. Es gibt kein weibliches Pendant dazu. Geflüchtete passt besser, denn das sind alle: Männer, Frauen, Kinder, Alte …

Dann die Sache mit dem -ling. Es gibt im Deutschen eine ganze Reihe von Substantiven mit dem Suffix -ling, wie eben den Flüchtling, den Setzling, den Neuling, den Findling oder den Jährling. Allen gemeinsam ist, dass es sich grundsätzlich um Maskulina handelt. Wird diese Endung mit Adjektiven verknüpft, werden damit oft Personen bezeichnet, die durch eine bestimmte Eigenschaft charakterisiert sind. Wortbildungen mit -ling haben häufig stark abwertenden Charakter: Das -ling macht alles negativ – so wird aus dem rundum positiven Adjektiv schön der zweifelhafte Schönling. Der Neuling hat keine Ahnung, der Wüstling ist ein grober, gemeiner Kerl, der Feigling traut sich nichts. Der Schreiberling ist bestimmt kein guter Schriftsteller, der Ehrgeizling geht für seinen Erfolg über Leichen, auch der Zögling, der Winzling und selbst der Liebling haben etwas Lächerliches. Interessant am -ling ist, dass in der Umgangssprache ständig neue Zusammensetzungen entstehen. Der Primitivling, der Naivling, der Fiesling! Nur der Frühling und der Schmetterling sind durchweg positiv besetzt. Der Flüchtling aber leider nicht.

## Zweifel

Trotz der großen Euphorie des Anfangs kommen erste Zweifel auf. Lernen unsere TN überhaupt was? Ohne Bücher, ohne feste Struktur, mit immer wechselnden Lehrerinnen und wechselnden TN? Ist das Ganze hier mehr als Beschäftigungstherapie? Und wenn Letzteres zuträfe, wäre es nicht auch trotzdem gut? Die Leute sitzen den ganzen Tag in ihren trostlosen Massenunterkünften herum. Wenn sie zu uns kommen, müssen sie sich auf den Weg machen, haben einen Termin, was zu tun, treffen andere, sprechen Deutsch, haben Kontakt zu Deutschen, zu uns. Und wenn auch keine großen Lernerfolge zu machen sind, so hat doch jede Stunde einen besonderen Moment, etwas Interessantes, eine Begegnung, ein großes Gelächter. Selbstverständlich bringt das was, beruhigen mich deshalb auch die immer positiv denkenden jungen Kolleginnen. Jeder Input ist gut! Und sie haben ja recht. Für unsere TN ist unser Kurs die einzige Gelegenheit, Deutsch zu sprechen – außerhalb von belasteten Situationen, auf dem Amt, bei Behörden. Dort, wo das Deutsch sprechen oder der Versuch desselben immer mit Angst besetzt ist, etwas Falsches zu sagen, was sich vielleicht auch negativ auf die Aufenthaltsstatus auswirken kann. Und man kann sich auch immer noch mit dem sogenannten »Sprachbad« oder der »Sprachdusche« rausreden, wenn Zweifel kommen oder eine Stunde nicht so gut war. Das Sprachbad wird in der DaF-Literatur häufig als eine sehr günstige Voraussetzung beschrieben um einen quasi naturwüchsigen Zugang zu der neuen, anderen Sprache zu finden. Im Fremdsprachenunterricht insbesondere mit Kindern, aber auch mit Erwachsenen wurde das »Eintauchen«

in die Sprache zu einer eigenständigen Methode entwickelt. Immersion (englisch: to immerse = eintauchen) ist eine Methode, eine Fremdsprache zu vermitteln, bei der die Sprache völlig natürlich für die Beschäftigung mit der Umwelt eingesetzt wird. Der Begriff verdeutlicht das Prinzip: Das Kind taucht in eine Welt ein, in der alles in einer anderen Sprache passiert. Mit Einschränkungen lässt sich nachweisen, dass auch bei Erwachsenen die Qualität des Spracherwerbs durch die Intensität des Sprachkontakts verdeutlicht wird. Aber eben nur mit Einschränkungen. Naiverweise herrschte in Deutschland bezüglich der sogenannten Gastarbeiter, die ab Mitte der 1950er Jahre als junge Erwachsene nach Deutschland kamen, die unausgesprochene Erwartung vor, dass sie quasi naturwüchsig die deutsche Sprache erlernen würden. Dass diese Theorie nicht funktioniert, ist heute bekannt. Erst Ende der 1960er, Anfang der 1970er Jahre, also nach Ablauf des ersten Jahrzehnts expansiver Anwerbung und Beschäftigung ausländischer Arbeitnehmer, begannen in der Bundesrepublik Deutschland erste Diskussionen zur institutionellen Unterstützung des Deutscherwerbs der »Wanderarbeitskräfte«. Denn nur die gelegentliche Unterhaltung mit Kollegen und Nachbarn reicht nicht aus. Ein bisschen Grammatik braucht es halt schon, um eine Sprache zu lernen und selbständig Sätze bilden zu können.

In den Nachrichten ist viel von Integration und Integrationskursen die Rede. In Wahrheit hat aber nur eine Minderheit der Geflüchteten Zugang zu solchen Integrationskursen. Menschen aus Syrien zum Beispiel, die über »Dublin« – das heißt über einen sicheren Drittstaat – eingereist sind und ihre Fingerabdrücke in Ungarn hinterlassen haben, sollen nach Ungarn zurück und bekommen, während das Verfahren läuft, unter Umständen ein bis zwei Jahre lang keinen Integrationskurs. Dabei könnte diese Zeit des Wartens perfekt dazu genutzt werden, Deutsch zu lernen.

Wer hat überhaupt Zugang zu Integrationskursen? Im September 2016 können laut BAMF.de folgende Gruppen Integrationskurse besuchen: Alle sogenannten Spätaussiedler und neu zuwandernde Menschen mit einem auf Dauer angelegten Aufenthaltsstatus, alle sogenannten Ausländer und Ausländerinnen, die bereits länger in Deutschland leben, Unionsbürger, besonders »integrationsbedürftige Deutsche«, Asylbewerber und andere Ausländer mit jeweils »guter Bleibeperspektive«.

Integrationskurse waren also in erster Linie für europäische Migranten und Migrantinnen gedacht und stehen erst seit 2015 auch für Geflüchtete mit »guter Bleibeperspektive« offen. Aus diesem Grund hat sich das Netzwerk ›Deutschkurse für alle‹ gegründet.

Auf der Seite einer Berliner Deutschkurs-Initiative lese ich: »Die allgemeine Forderung nach einem unbeschränkten Recht aller auf kostenlose Bildung soll natürlich auch für Menschen gelten, die in Deutschland leben wollen oder gar keine andere Möglichkeit mehr sehen, als hierherzukommen. Wir leisten Sprachförderung nicht mit dem Ziel der ›Integration‹, sondern mit dem Anspruch, eine von vielen Bedingungen dafür zu schaffen, dass verschiedene Menschen mit verschiedenen Lebensläufen in verschiedenen Lebenssituationen ihren Bedürfnissen nachkommen und ihre Interessen durchsetzen können.

Für uns bedeutet Deutsch unterrichten nicht die Erziehung zu einer ›deutschen‹ Lebensweise, sondern die Grundlage für ein selbstbestimmtes Leben hierzulande, in dem die eigene Herkunft und eigene Ziele nicht aufgegeben werden. Wir machen das nicht, um die Versäumnisse des Staates aufzufangen, wir wollen uns nicht als gutes Beispiel einspannen lassen für eine Asylpolitik, mit der wir nicht einverstanden sind.«

Diese Asylpolitik unterscheidet zwischen Asylbewerbern mit guter und ohne gute Bleibeperspektive. Aber wer hat eine »gute Bleibeperspektive«? Laut BAMF (›Bundesamt für Migration und Flüchtlinge‹) können nur diejenigen, die eine Aufenthaltsgestattung gemäß § 55, Abschnitt I des Asylgesetzes haben, in den Genuss einer Bleibeperspektive kommen. Eine Aufenthaltsgestattung wiederum bekommen Personen, die sich noch im Asylverfahren befinden, über deren Asylantrag noch nicht entschieden wurde.

Diese Aufenthaltsgestattung gestattet ihnen bis zur Entscheidung über den Asylantrag, in Deutschland zu leben und unter bestimmten Bedingungen zu arbeiten. Diese Menschen mit einer Aufenthaltsgestattung, die aus Herkunftsländern mit einer Schutzquote von über fünfzig Prozent kommen, haben eine gute Bleibeperspektive. 2016 trifft dies auf die Herkunftsländer Eritrea, Irak, Iran, Syrien und Somalia zu. Eine Schutzquote wiederum meint den Prozentsatz der positiv beschiedenen Asylanträge. Welche Herkunftsländer das Kriterium einer Schutzquote (über fünfzig Prozent) erfüllen, wird jährlich festgelegt. Afghanistan, wo viele unserer TN herkommen, gehört nicht dazu. Offiziell liegt die Schutzquote unter fünfzig Prozent. Geht man aber von der »bereinigten Schutzquote« aus, das heißt von den Fällen, bei denen es um inhaltliche, nicht formale Entscheidungen geht, wie bei den Dublin-Fällen, so lag die Quote Ende 2015 bei Geflüchteten aus Afghanistan bei sechsundachtzig Prozent. Rund zweiunddreißig Prozent der Antragsteller wurden insgesamt formell abgefertigt, weil sie über ein anderes Land eingereist sind. Beschäftigt sich das BAMF mit den individuellen Fluchtgründen, ist die Anerkennungsquote hoch: Mehr als zwei Drittel der afghanischen Asylsuchenden erhalten dann Schutz. Es ist eine Zahlenschieberei. Aber trotz der offensichtlich katastrophalen Lage in Afghanistan haben die Leute in laufenden Asylverfahren offiziell keine gute Bleibeperspektive, keinen Zugang zu Deutschkursen.

# Häuser und Wohnungen

✓ Kann ausdrücken, inwieweit ihm / ihr etwas gefällt oder nicht gefällt.

✓ Kann grundlegende einfache Informationen zu Produkten erfragen.

✓ Kann Anzeigen relevante Informationen entnehmen.

✓ Kann über Wohnungen und Möbel sprechen.

Wie über das Wohnen in Wohnungen sprechen, über Anschaffungen und Möbel, wenn die TN im Heim wohnen, in Turnhallen, mit etwas Glück in Zwölf-Bett-Zimmern ohne Privatsphäre? Oder die, wie Ahmed, aus seinem Zwanzig-Bett-Zimmer geschmissen werden? Er ist fertig mit den Nerven. Früh morgens kamen die Männer von der Security ins Zimmer gestürmt, riefen: »Raus, raus, alles raus!« Es sind neue, geflüchtete Familien angekommen, die in die Zimmer einziehen. Ahmed ist zwar schon länger da, aber er ist achtzehn und Single – er muss ins Zelt umziehen. Man kann natürlich auch mit Menschen ohne Wohnung über Häuser und Stockwerke sprechen, über verschiedene Zimmer. Man könnte im Futur I sprechen, man könnte sagen: Eines Tages, wenn ihr dann eine Wohnung haben werdet, für euch allein mit Küche und Wohnzimmer, dann werdet ihr Möbel kaufen. Dann werdet ihr diese Worte brauchen: Das Regal, das Bett, und diese Sätze: Das Sofa ist alt, wir brauchen einen Fernseher.

Aber Zukunft hatten wir noch nicht. Und so kann man

den TN also mit Hilfe von Bildkarten und Arbeitsbögen beibringen, die Möbelstücke, die sie alle nicht besitzen, mit korrektem Artikel aufzusagen und zu benennen und zu beschließen, welche Möbel in welches Zimmer gehören. Zumindest die Verneinung kann man beim Möbelthema gut einführen: Ist das ein Stuhl? Nein, das ist kein Stuhl. Das ist ein Tisch! Dass eine Lampe kein Stuhl ist, ist gut zu verstehen und sorgt für die wichtigen Erfolgserlebnisse. Für die ersten Adjektive eignet sich unser Schrottmobiliar vortrefflich. Was alt, hässlich, kaputt und unbequem ist, kann man sehr gut demonstrieren.

Manchmal gelingt es mir, auch ohne das Wissen der TN um die (grammatikalische) Zukunft, die Fragen nach einer Traumwohnung so zu formulieren, dass sie verstanden wird. Die Traumwohnung sieht dann ungefähr so aus wie bei MTV Cribs, einer Sendung aus dem Jahr 2000, in der recht wohlhabende US-amerikanische Musiker, Schauspielerinnen und Sportler, meistens Hip-Hop-Millionäre wie 50 Cent, Ice-T oder Missy Eliot, in einer Homestory die Torbögen und Auffahrten zu ihren Häusern und Anwesen in Beverly Hills und anderen Promivierteln öffneten. Nach den diversen Wohn-, Ankleide-, Schlaf-, Goldkettenaufbewahrungszimmern wird am Schluss dann der private Fuhrpark vorgestellt. Das Traumhaus der TN ist eine Villa mit mindestens zwölf Zimmern, einem Swimmingpool und mehreren Garagen für die Autos. Ein anderes Mal, die TN hatten fast alle schon eine Wohnung, wollte ich mit dem berühmten Spiel: Ich packe meinen Koffer, den Wortschatz »Wohnen« wiederholen. Das Spiel, was so kinderleicht scheint, ist gar nicht so leicht zu vermitteln, ich versuche es aber immer wieder. Wenn nach dem vierten Versuch, die, die es kapiert haben,

schon lachen müssen, weil die anderen immer noch hilflos den Kopf schütteln, wenn sie an der Reihe sind, muss
man alle Rollen zuerst einmal selbst übernehmen. Das geht
so:

»Ich bin Christiane«, sage ich.

»Ich habe eine neue Wohnung und brauche einen Teppich.«

Dann stelle ich mich hinter den nächsten TN: »Jetzt bin
ich Farid.«

Farid sagt: »Ich habe eine neue Wohnung und ich brauche
einen Teppich und einen Tisch.« Dann stellt man sich hinter
den nächsten in der Reihe: »Jetzt bin ich Mohammed.« Mohammed sagt:

»Ich habe eine Wohnung und ich brauche einen Teppich
und einen Tisch und ein Sofa.«

Das dauert eine Weile, manche schauen einen an, als ob
man irr wäre, aber irgendwann kapieren es alle. Diesmal
waren Ari, der Punk aus Israel, und Beidi aus Kamerun die
Einzigen, die es verstanden haben. Aber Beidi hat auch als
Einziger in der Gruppe keine Wohnung, und er sagt trotzig
und traurig unter Verwendung der neugelernten Negativ-
artikel:

»Ich habe keine Wohnung und ich brauche keinen Teppich,
keinen Tisch, kein Sofa, ich brauche nichts.«

Blaise hat Glück, er wohnt bei seinem Bruder, Mahamoud
hat bei einem Deutschen ein Zimmer, erzählt er stolz. Er
kann alles benutzen, Waschmaschine und ein Fahrrad gibt
es für ihn. Jamal wohnt in Marzahn in einem Heim zwanzig Menschen in einem Zimmer. Omran wurde in seinem
Heim, nahe einem Gewerbegebiet, rausgeschmissen weil
er sich zwei Tage für seine Mutter am LAGeSo anstellen
musste. Sie haben ihn nachts einfach nicht in das Heim ge-

lassen, sogar der Busfahrer, der den Auftrag hatte, die Geflüchteten vom LAGeSo zum Heim zu fahren, hat protestiert; vergebens. Alles Bitten und Betteln, draußen vor der Tür, in der Kälte, war ohne Erfolg. Er ist jetzt obdachlos, kommt bei einem Bekannten unter. Wir setzen einen Beschwerdebrief an die Betreiberfirma auf – die Antwort folgt prompt. Niemals würde man Geflüchtete vor die Tür setzen, das wäre ja gegen die Vorschrift und natürlich komme es vor, dass Heimbewohner wegblieben, weil sie am LAGeSo wären, das wäre ja gar kein Problem. Kurzzeitig denke ich, Omran hat übertrieben oder es ist ein Missverständnis. Aber viele TN erzählen von schlimmen Zuständen und gemeinen Leuten im Heim, es scheint, als ob in manchen Häusern eine gehörige Portion Fremdenhass und ein Hang zum Sadismus zu den Einstellungsvoraussetzungen gehören. Die TN erzählen aber auch immer wieder von Angestellten in den Heimen, die ihnen helfen wollen. »She is an angel«, sagt Omran über eine Sozialarbeiterin in seinem schrecklichen Heim, aber gegen die böse Chefin könnte sie auch nichts tun.

Ein Jahr später kommt die Betreibergesellschaft des Heimes in die Schlagzeilen. Es hatte zahlreiche Beschwerden gegen die Firma gegeben. Ehrenamtlichen Helfern wurden Hausverbote erteilt, es wurde kein Deutschunterricht in den Räumen erlaubt. Nachdem ein E-Mail-Wechsel öffentlich wurde, in dem Angestellte von »Kinder-Guillotinen« für geflüchtete Kinder phantasierten, hat der Berliner Senat der Firma den Auftrag zur Unterbringung Geflüchteter entzogen. Das alles wusste man damals noch nicht. Als Omran nach seinem Rausschmiss wieder zum Unterricht kam, fragte ich ihn, ob er jetzt einen neuen Heimplatz hätte.

»Yes!«, sagte er überglücklich, »a room in Sonnenallee!«

Wie es ihm gefalle, frage ich, denn die Sonnenallee gilt den meisten Berlinern als ungemütliche, seelenlose Straße mit vielen 99-Cents-Läden, Imbissbuden und lärmendem Straßenverkehr.

»Wonderful, wonderful!«, schwärmte er, »foreigners everywhere! Lots of shops and places! It's so wonderful!«

Das wunderte mich dann doch ein bisschen, aber wer vorher in einem Gewerbegebiet gewohnt hat, der freut sich vielleicht über jeden Späti und Falafelladen. Als im Sommer immer mehr Leute aus unserem Kurs von der Sonnenallee schwärmten, beim Namen der Straße lächelten und träumerische Augen machten, als sei dort das verlorene Paradies, nahm ich mir vor, diese märchenhafte neue Sonnenallee auch mal zu besuchen. Ich war lange nicht in dieser Gegend gewesen. Sie ist mit dem Fahrrad kaum zehn Minuten von mir entfernt, trotzdem ist die Sonnenallee keine Straße, die man ständig aufsuchen wollte. In den Seitenstraßen haben sich seit ein paar Jahren Expats und Hipster breitgemacht und hocken in ihren Veganläden und Organic-Food-Cafés. Weiter hinten residieren Hochzeitsshops, Shisha-Bars, Säuferkneipen. Alles, wie gehabt, dachte ich. Aber es hat sich einiges verändert in der Sonnenallee. Die Straße, die zu Ehren Adolf Hitlers an dessen fünfzigsten Geburtstag nach seinem Geburtsort in ›Braunauer Straße‹ umbenannt worden war, ist zur ›arabischen Straße‹ geworden. ›Arabic Street‹ wird sie auch von den Neuankömmlingen aus dem arabischen Raum genannt. Es sind zwei, drei Blocks links und rechts der vielbefahrenen Straße, an denen sich Falafelläden, Baklavaläden, Herrenfriseure, Handyläden, Reisebüros und Spätis abwechseln. Vor dem Gemüseladen liegen ägyptische Datteln, Granatäpfel, Guaven, Kaktusfeigen

Passionsfrüchte und Malvenblätter aus. Alles in arabischer Hand, wie man so schön sagt. Bereits um 1980 waren viele Bürgerkriegsgeflüchtete aus dem Libanon hier gelandet. Neukölln ist die Heimat der arabischen Zugezogenen, so wie Kreuzberg lange die der Berliner Türken und Türkinnen ist. Die neuen Fluchtbewegungen, die Ankunft der vielen Menschen aus Syrien in Berlin haben nun für Konjunktur gesorgt, die Straße brummt, ist voll von Menschen. Die Sonnenallee ist zum Treffpunkt und Sehnsuchtsort, zu einem Stück Zuhause für die Geflüchteten aus Syrien geworden. Die arabischen Restaurantbesitzer bieten bereits vegane Speisevariationen an, und da ein gutes, günstiges Falafelrestaurant wohl im Lonely Planet empfohlen wird, bilden sich vor dem Laden lange Schlangen, auch von Berlinbesuchern und Neuköllnhipstern. Im Süßigkeitengeschäft türmen sich die Baklava im Fenster, und auf der Straße wird an improvisierten Holzkistentheken Tee ausgeschenkt. Ich finde es wie Omran auch ganz wonderful in der arabischen Sonnenallee, gleichzeitig belustigt mich der Gedanke, dass die AfD hier sehr gut ein Abschreckungsvideo drehen könnte zum Thema Islamisierung der abendländischen Sonnenallee. Diese Straße war allerdings auch schon vor der sogenannten Flüchtlingskrise abend- und morgenländisch. Und trotzdem will alle Welt hier wohnen. Im Gegensatz zu den Gegenden, in denen die AfD ihre besten Ergebnisse erzielt.

Wohnen ist aber nicht nur für die Geflüchteten, sondern für die ganze Stadt ein schwieriges Thema. »Berlin ist am Limit!«, heißt es hier im Frühling 2016. Etwa fünfzigtausend Geflüchtete sollen in der Stadt sein, aber im Stadtbild bemerkt man sie, zumindest in den Bezirken mit hohem Migrationsanteil und internationaler Bevölkerung, kaum.

Wer nicht gerade beruflich mit ihnen zu tun hat, sich ehrenamtlich oder politisch engagiert oder Deutschunterricht gibt, der wird in Berlin kaum mit geflüchteten Menschen zusammenkommen. Die sogenannte Flüchtlingskrise hat keinerlei Auswirkungen auf den Berliner Alltag und bringt den Einwohnern keinerlei Nachteile. Außer den Sportlern und Vereinen, die ihre Turnhallen für Geflüchtete räumen mussten. Aber Wohnungen sind knapp, vor allem billige Wohnungen. Auf der Suche nach Freiflächen für Unterkünfte hat der Berliner Senat nun das Flugfeld Tempelhof im Visier. Im Flughafengebäude sind bereits die Hangars I, II und III mit Zelten ausgestattet, dort sind schon mehrere tausend Geflüchtete untergekommen. In Berlin gibt es immer noch sehr viele leerstehende Gebäude, die geheizt und gewartet werden. Am Alexanderplatz steht ein Hochhaus, das ehemalige ›Haus der Statistik‹, leer, und stadtweit sind eineinhalb Millionen Quadratmeter Bürofläche nicht vermietet. Aber die werden natürlich nicht angetastet. Berlin braucht billige Wohnungen für die vielen Neuankömmlinge und Haushalte mit kleinem Einkommen. Aber auch wer schon länger hier ist und sich keine Eigentumswohnung leisten kann, muss um die Zukunft des persönlichen Wohnens bangen. Zu meinem Erstaunen bin ich eine der wenigen unter meinen Bekannten, (eher Schriftsteller, Musikerinnen und Journalistinnen), die keine Eigentumswohnung hat. Als ich vor zwei Jahren bestürzt erzählte, meine Wohnung würde in Eigentum umgewandelt, kam der einhellige Ratschlag:

»Sofort kaufen!«

»Aber wovon denn?«

»Wie viel?«

»Hundertsechzigtausend Euro!«

»Ach, das geht doch!«

»Aber woher nehmen?«

»Von der Bank?«

»Die geben mir doch nix.«

»Sonst eben Eltern.«

Es ist unglaublich, wie viel Geld alle haben, selbst die, die sich immer so als prekär lebend dargestellt haben. Dass man keine Eltern hat oder hatte, die einem mal hundertsechzigtausend Euro für eine Eigentumswohnung geben können, verstehen viele meiner Bekannten nicht. Es ist die Generation westdeutsch, aus den fetten Jahren der Bundesrepublik. Sie sehen sich selbstverständlich überhaupt nicht als reicher Leute Kinder, bezeichnen sich als Mittelschicht. Dabei sind die Eltern so wohlhabend, dass sie mehreren Kindern Wohnungen in Großstädten kaufen können.

Soziale Ungerechtigkeiten werden in Deutschland immer gerne mit dem Verweis auf Sozialneid abgetan. Aber ich bin gar nicht neidisch auf die Erben und Eigentumswohnungsbesitzer. Ich will gar keine ET, ich wohne sehr gern zur Miete. Ich bin auch nicht neidisch auf ein großes Erbe, ich hab gar nicht so große Konsumwünsche. Ich will nur wohnen. Früher ging es in Berlin um das besser Wohnen, um schöner Wohnen, da gab es feuchte Erdgeschosswohnungen, lichtlose trostlose Kammern im Hinterhof, mit einem Klo im Treppenhaus für jeweils zwei Parteien, es gab Wohnungen, die einen Menschen erschlagen konnten wie eine Axt, wie Old Zille sagte. Jetzt geht es nicht mehr um besser Wohnen, es geht ums pure Wohnen. Wessen Mietwohnung in eine Eigentumswohnung umgewandelt wird, der hat in Kreuzberg immerhin sieben bis neun Jahre Kündigungsschutz. Aber danach kann der Vermieter Eigenbedarf anmelden.

Und wer heute seine Wohnung in Kreuzberg verliert, wird keine bezahlbare mehr hier, aber auch keine in Neukölln, Friedrichshain, Mitte, Schöneberg und den anderen Innenstadtbezirken finden. Einfach nicht dran denken ... Themawechsel, Themawechsel, Themawechsel.

Manchmal suche ich nach einem bezahlten Job als Deutschlehrerin, den ich auch ohne das Papier vom BAMF machen kann, und stoße auf Anzeigen wie:

»Deutsch für Expats sucht Lehrer und Lehrerinnen! Was unsere Teilnehmer brauchen: Deutsch für den Einkauf, für Jobinterviews, um mit Leuten im Mauerpark zu sprechen, ihr Fahrrad reparieren zu lassen. Als Expat-Lehrer werden Sie ihnen die sprachlichen Mittel geben, um solche Situationen besser bewältigen zu können.« Oder:

»Deutschdozenten für interessierte junge Studenten aus ganz Europa gesucht.« Noch schlimmer:

»Enthusiastische/r DaF-Dozent_innen gesucht, die in inhouse-Kursen an internationalen Firmen v. a. in der Berliner StartUp-Szene unterrichten. Unsere Schüler sind junge Expats, die für ihren Job als Entwickler, Designer etc. nach Berlin gekommen sind und für ihren Alltag in Berlin Deutsch lernen wollen.«

Es schüttelt mich innerlich bei dem Gedanken, da unterrichten zu müssen.

## Helfen

*Ich helfe, du hilfst, wir helfen*
*helfen hilft*
*viel hilft viel*

Alle wollen helfen. In Berlin fing es im Sommer 2015 am LAGeSo an, dann half man in den Notunterkünften mit, in den Kleiderkammern, richtete Sammelstellen ein, erstellte Bedarfslisten.

Alle wollen Deutsch unterrichten. Es ist ein Ansturm, den die Initiativen kaum bearbeiten können. Es gibt gar nicht genug Leute, die vielen Neuen einzuweisen und einzusetzen. Überall in der Stadt gibt es Deutschkurs-Initiativen, allein die Kurse in unserer Nachbarschaft in Kreuzberg sind kaum zu überblicken. In den Universitäten, in kirchlichen Häusern, in den Notunterkünften – überall wird ehrenamtlich Deutsch gelehrt und gelernt.

Auch uns erreichen viele Anfragen von Interessierten, manchmal tauchen fünf oder sechs Leute gleichzeitig auf, die sich den Kurs anschauen und »hospitieren« wollen – Lehrer, Künstlerinnen, Professorinnen, Aufstocker, Teilzeitarbeitnehmer, Privatiers, Freiberuflerinnen.

Manche bleiben nicht lange und sagen auch ehrlich, warum: Es fehlt ihnen die Struktur. Die Aussicht, nie zu wissen, was einen erwartet, wie viele TN auf welchem Sprachniveau man im Klassenzimmer antreffen wird – diese ganz offene Gruppe –, das ist nichts für sie. Manchen, die zuerst bleiben, ist es zu chaotisch, manche hatten sich zu viel vorgenommen und schaffen es dann zeitlich nicht. Manche kommen ein, zwei Mal aus Sensationslust und zeigen das auch:

»Weißt du was?«, raunen sie mir nach den ersten Stunden zu, »die beiden Frauen da drüben, die sind über Lampedusa gekommen!!!« (Damals war »Lampedusa« noch ein Schreckenswort, das zu einem Schreckensbild gehörte, heute machen die Ertrunkenen im Mittelmeer keine Hauptschlagzeile in den Nachrichten mehr her.)

Manche der ehrenamtlichen Neuanfänger sind sehr engagiert und bringen frischen Wind in die Gruppe, werden dann aber krank, schwanger oder bekommen einen anderen Job, machen doch noch mal eine Ausbildung. Andere, die schon länger oder von Anfang an dabei sind, ziehen sich zurück. Der Unterricht hat sich verändert, die TN haben sich verändert, es geht nicht mehr vordergründig darum, den politischen Kampf für Geflüchtetenrechte zu unterstützen. Sie wollen nichts als hier in Frieden und Sicherheit leben und arbeiten. Viele Geflüchtete kommen aus Syrien und gehören der Mittelschicht an. Sie sind nicht das revolutionäre Subjekt, das die Unterstützerszene in ihnen gerne sähe.

## Kritik des Helfens

Zeitgleich mit der Hilfswelle kommt auch schon die Vorwurfswelle, von der rechten Seite sowieso, da werden die Helferinnen als Idiotinnen und Gutmenschen verhöhnt und sogar bedroht. Die kritische Linke sieht die Gefahr, dass beim großen Helfen der Privatpersonen, Kunststudenten, Vereine und Start-Ups die Grenze zwischen Solidarität und Paternalismus, zwischen Hilfsbereitschaft und Eigennutz überschritten wird. Es wird diskutiert, ob wirklich jede

Hilfe automatisch gut ist. Ob man die Menschen nicht entmündigt durch die Fürsorge. Oder es wird behauptet, hier würden viele weiße Helferinnen helfen, um mit ihrer Hilfe ihren eigenen Rassismus zu überdecken. Es helfen aber nicht nur weiße Deutsche. Es sind Menschen mit Eltern und Großeltern aus allen Teilen der Welt, und auch Geflüchtete schließen sich, sobald sie etwas Fuß gefasst haben, den Helfern an.

»Das sind Leute, die zu viel Zeit und kein eigenes Leben haben, die im Job nicht ausgelastet sind!«, werden die Helfer herabgewürdigt. Aber auch dieser Vorwurf zielt ins Leere – denn Zeit haben ja alle, außer diejenigen, die sich stets am eigenen Burn-out berauschen müssen. Wir haben den Luxus in Deutschland, dass ein Großteil der Bevölkerung zur Überlebenssicherung nicht bis zum Umfallen arbeiten muss. Wir haben Freizeit. Der Hauptvorwurf an die Helfer lautet: Die machen das nur, um sich gut zu fühlen, und sich dafür auf die Schulter klopfen. Das kann bei manchen schon zutreffen. Vielleicht hat Helfen auch immer mit Eitelkeit zu tun. Sind Altruismus und Berechnung nicht ein altes Paar – tu Gutes und rede darüber?

Aber was ist daran schlimm, sich gut zu fühlen, indem man etwas tut, was auch für andere gut ist? Wäre es besser, wenn die Helfer abends vor dem Fernseher abhängen würden, anstatt euphorisch Essen auszugeben oder mit anderen Schals und Pullover zu sortieren? Es gibt Leute, die sind stolz, wenn sie nur noch fünf Zigaretten am Tag rauchen oder zweimal die Woche ins Fitnessstudio gehen. Helfer und Helferinnen sind eben ganz unterschiedliche Leute mit unterschiedlichen Motiven. Es sind Leute, die angesichts der schwierigen Lage der Geflüchteten einfach ehrlich betroffen sind, mit anpacken und dabei vielleicht das erste Mal in ihrem Leben das Gefühl haben, etwas wirklich Sinnvolles zu tun. Natürlich ist unter der großen Zahl der Helfer der eine oder andere dabei, der sich über das Helfen profilieren will. Was soll's? Und es mag unter den vielen Ehrenamtlichen auch ein paar einsame, isolierte Gestalten auf der Suche nach Kontakt geben. Freundinnen, die in den Wohnheimen helfen, erzählen, dass manche der Freiwilligen noch zwei Stunden in den Heimen bleiben, obwohl ihre Schicht vorbei ist, und dann den anderen im Weg herumsitzen. Das kann man lächerlich finden, man kann sich darüber erheben – aber ist das nicht auch erbärmlich?

Manche übertreiben es allerdings auch mit der Selbstdarstellung; auf Facebook nehmen die lyrischen Selbsterfahrungstexte überhand. Der eine hat Wasser verteilt, die andere spielt mit den Kindern oder fährt die Geflüchteten zur Notunterkunft. Es mag peinlich sein, wenn Leute ein großes Trara um ihre Hilfe machen, aber es ist auch peinlich, die »guten« Taten der Helfer als moralisch zwiespältig abzutun. Es gibt unter den vielen Helfer bestimmt Leute, die sich von bloßem Mitleid leiten lassen und sich dann an der eigene Aufopferung berauschen.

Meine Freundin Claudia erzählt, dass in »ihrer« Notunterkunft, in der sie einmal die Woche beim Essen ausgeben hilft, manche Helferinnen einheimische, arabische Gewürze mitbringen oder einen speziellen Tee, den die Geflüchteten aus Syrien vermissen – und von anderen Ehrenamtlichen kritisiert werden, man dürfe die Geflüchteten nicht »verwöhnen«. Andere wollen die Süßigkeitenausgabe für die Kinder – ihr Highlight des Tages – aus erzieherischen Gründen nur noch am Sonntag öffnen. Unter den vielen gibt es eben auch Charaktere, die gerne ein bisschen die Oberaufsicht führen, überwachen und strafen. Aber das kann man auch als Kollateralschäden einer eigentlich guten Bewegung verbuchen. Und warum sollen sich eigentlich die, die helfen wollen, wegen ihrer Hilfsbereitschaft erklären, während die, die Hassparolen brüllen, Menschen angreifen und Geflüchtetenheime anzünden, gar nichts erklären müssen und in den wenigsten Fällen überführt und bestraft werden?

Manche Helfer brauchen die Geflüchteten mehr als umgekehrt, manche vergessen, nach Hause zu gehen, können die Leute im Elend vor dem LAGeSo nicht sich selbst überlassen. Manche Leute übertreiben es, können nicht mehr aufhören zu helfen, helfen sich dabei geradezu in einen Rauschzustand, helfen sich einen Wolf, verbinden Ehrenamt mit Ekstase. Aber in einer Situation, in der Hilfe wirklich notwendig ist, scheint eine philosophische Diskussion über Handlungsmotivation unsinnig. Denn es geht erst einmal um Schlafplätze, Versorgung mit dem Nötigsten – Unterstützung in den Heimen. Sprachkurse, Kinderspielzeug, medizinische Versorgung.

»Anti-Flüchtlingsbewegungen« wie Pegida haben im Herbst zu dieser großen Hilfsbereitschaft beigetragen. Wenn bei den Pegida-Demonstrationen Leute wöchentlich auf die Straße gehen, dann zeigt die Helferbewegung, dass in Deutschland nicht alle so sind, dass es hier nicht nur Nazis und bürgerliche Sympathisanten gibt und dass die Hassbotschaften im Internet nicht die vorherrschende Meinung ausmachen. Eine Motivation der Helfer ist es auch, ein anderes Bild unserer Gesellschaft zu zeigen.

Beim Deutschunterrichten ist die Gefahr nicht so groß, die Fürsorge zu übertreiben, für die Menschen zu sprechen, statt ihnen Gelegenheit zu geben, sich selbst zu repräsentieren. Und das Paternalistische zeigt sich höchstens in der Überfürsorge, bei Ausflügen oder Treffen außerhalb der Schule.

»Werden sie das finden?«, fragen wir uns manchmal, wenn wir uns zu Ausflügen an der nächsten U-Bahn-Station treffen.

»Sie haben von Masar-e Sharif, Bamako und Aleppo hierhergefunden, dann werden sie auch eine Adresse in Kreuzberg finden«, muss man sich dann sagen.

### Helfen hilft

Auch wir ehrenamtlichen Lehrerinnen brauchen unsere TN. Weil es uns das Gefühl gibt, ein bisschen was Sinnvolles zu tun, weil wir aus der Vereinzelung rauskommen und unter Menschen sind. Und das sogar ohne Zwang, ohne Chefs, ohne Geld. Und weil letztendlich doch alle Leute, die noch nicht ganz abgestumpft sind, nach ein bisschen Sinn, Teilhabe, Gemeinschaftsgefühl in ihrem Leben suchen. Das ist vielleicht die Magie des Helfens – diese Wechselseitigkeit, dieses Verhältnis zu eigentlich fremden Menschen, das ohne Tausch funktioniert. Es ist keine Wohltätigkeit und kein Ehrenamt. Alle Lehrerinnen und Lehrer unseres Teams empfinden das Unterrichten als Bereicherung. Helfen hilft.

Ich brauche den Unterricht, weil mir der Umgang mit den TN eine andere Welt zeigt, die ich vorher nicht gekannt habe. Ich kann mir nun selbst ein Bild davon machen, wie die »Flüchtlinge«, über die so viel geschrieben und spekuliert wird, sind. Und ich kann die Erfahrung machen, dass der

Umgang mit Menschen, die einem fremd sind, weil sie von woanders kommen, oder eine andere Hautfarbe haben, eine andere Sprache sprechen und einfach ganz anders sind, nur für kurze Zeit »befremdlich« ist. Und dass aber durch den ganz normalen Umgang miteinander diese Bedenken sehr schnell wegfallen und man miteinander umgehen kann, als hätte es dieses »Befremdliche« niemals gegeben. Eine Erfahrung, die Menschen, die sich generell allem »Fremden« verschließen, niemals machen können.

Und auch, wenn mir nach einem Jahr alles ein bisschen zu viel ist, mich die Leute im Team nerven, der Unterricht nicht funktioniert – ich will nicht wieder zurück in das alte Leben, in dem ich nur mit meinen weißen Mittelschichtfreundinnen, anderen Musiker, Autorinnen, Freiberuflerinnen zu tun hatte und überhaupt keinen Kontakt zu Geflüchteten und Leuten mit anderen Problemen hatte. Und das nicht nur, weil alle so nett sind. Es gibt auch TN, die sind auf den allerersten Blick verschlossen und misstrauisch. Wenn man selbst aber konsequent zugewandt bleibt, sich Zeit nimmt und auch zweimal etwas erklärt, wird es besser. Und das nächste Mal freuen sie sich schon, wenn man kommt.

In den ersten Zeiten habe ich mich oft darüber gewundert, wie sehr ich die TN ins Herz geschlossen hatte. Es kam mir fast unheimlich vor, diese große Freude, die wir aneinander hatten. Kollege Seniorboy meint, dass sei eben so: Menschen, die einigermaßen normal empfinden, macht es Freude, anderen Menschen zu helfen und ihnen etwas zu geben, und die Freude des anderen, etwas zu erhalten, verstärkt wiederum die Freude des Gebers – und der freut sich umso mehr. Also ein positiver Teufelskreis der Freude. Vielleicht ist es ja so einfach, und Seniorboy hat recht? Vielleicht bringt uns diese Situation auch dazu, philosophisch betrachtet, so etwas wie die menschliche Wirklichkeit in anderen Leuten zu erkennen, eine direkte Verbundenheit, ohne offensichtliche Schlussfolgerungen und ohne Absicht.

Eine mürrische amerikanische Journalistin zeigt plötzlich ganz neue Züge und eine direkt liebenswürdige Seite, wenn sie von den Kindern erzählt, die sie bei der Essensausgabe im Heim kennengelernt hat und wie sie beim Süßigkeiten verteilen von ihnen trickreich belagert und umschmeichelt wird und ihnen erste deutsche Wörter beibringt.

Ein alter Bekannter, lange krank, arbeitsunfähig, abhängig vom Jobcenter, zeigte erste Verbitterungstendenzen. Er ging nicht mehr durch den Görlitzer Park, weil er sich, nach den Medienberichten von den afrikanischen Kleindealern, bei denen er früher gern Kunde war, plötzlich bedroht fühlte. Er war genervt von den Neuankömmlingen:

»Die Syrer kriegen alles«, sagte er.

»Die kriegen mehr als Hartz 4 und jetzt auch noch die BVG-Monatskarten bezahlt und freien Eintritt in Museen«, fuhr er fort.

Ich widerlegte die Zahlen, erzählte ihm von meinen TN, die keineswegs alles bekommen, sondern eher erst mal nichts. Und ich sagte ihm, er höre sich schon an wie einer von der AfD. Durch Zufall kam der Ex-Germanistikstudent zu einer Deutschkurs-Initiative, und beim nächsten Treffen zeigte er mir auf dem Smartphone Bilder von lachenden afghanischen Jugendlichen, und wir tauschten Lehrfahrungen aus. Das Unterrichten war ihm bald zu mühsam, er blieb aber mit einer geflüchteten Familie in Kontakt, half bei der Wohnungssuche und freundete sich an.

Manche leben auf, fühlen sich, als ob sie plötzlich eine neue Clique, neue Freunde hätten, sind dann aber total enttäuscht, wenn sie ihren Schützlingen tolle Vorschläge machen und die nicht darauf antworten. Wenn diese nicht durch die halbe Stadt fahren wollen, um am Kotti das kurdische Neujahrsfest zu feiern. Manche Lehrer organisieren in Windeseile Wörterbücher, Materialien für ihre Schüler und sind dann sehr enttäuscht, wenn die Leute gar nicht mehr auftauchen. Das ist ja auch enttäuschend – aber so ist das eben, und es gehört beim Unterrichten eben dazu, denn bei vielen Geflüchteten steht das Deutschlernen nicht an oberster Stelle, vielmehr geht es erst einmal um die Sicherung der Grundbedürfnisse. In Deutschland legt man eben sehr viel Wert auf Verbindlichkeit und Verlässlichkeit. Leute aus anderen Kulturen haben da einen anderen Umgang. Die herzliche Einladung, bald mal vorbeizukommen, ist in New York nicht unbedingt ernst gemeint, und in Lissabon gehört das Versprechen, sich recht bald zu melden, zwar zum guten Ton, ist aber eher symbolischer Natur. Und manche Leute geben halt nach einer gewissen Zeit das mühsame Deutschlernen wieder auf, obwohl es wichtig für sie wäre. Meiden hier nicht auch viele, nach vierwöchiger Anfangseuphorie, das Fitnessstudio, obwohl sie es nötig hätten?

Seit ich Deutsch unterrichte, schaue ich mir keine Talkshows mit Rechtspopulisten oder sogenannten Asylkritikern an, ich kann sie alle nicht mehr sehen. Ich will das alles nicht mehr hören und sehen – ich lese keine Hasskommentare mehr unter den Berichten zur Flüchtlingskrise. Ich freue mich über die seltenen Berichte über Leute, die vielleicht zuerst auch Bedenken hatten, weil eine Unterkunft in ihrer

Nähe gebaut wird oder Geflüchtete einziehen. Ganz normale Leute, die trotz ihrer Bedenken gesagt haben: »Gucken wir uns das halt mal an.« Und die sich dann dort engagiert oder eine Arbeit gefunden haben. Sie erzählen:

»Früher hab ich immer weggeschaut und mich unbehaglich gefühlt, wenn mir so eine Gruppe von Heimbewohnern entgegenkam. Jetzt guck ich genau hin, ob ich einen kenne und hallo sagen kann.«

### Die Stimmung will und will nicht kippen

»Die Stimmung kippt«, konnte man schon wenige Wochen nach der großen Welle der Hilfsbereitschaft lesen. Immer wieder: »Die Stimmung bei den Ehrenamtlichen kippt!« Das war eine gezielte Falschmeldung. Die Stimmung sollte gekippt werden. Das Helfen ist auch ein Jahr später immer noch voll im Gange. Wenn eine Stimmung gekippt ist, dann ist es die der Helfenden gegenüber den Behörden, Institutionen und der Politik. Leute, die vorher nie am Rechtsstaat gezweifelt haben, die sich als brave Bürger gesehen haben, die eigentlich einverstanden mit dem System waren, sind fassungslos, weil sie von den Berliner Behörden bei ihrer überlebensnotwendigen Hilfe für Geflüchtete eher behindert als unterstützt werden.

Im Herbst 2015 sehe ich auf dem Berliner Lokalsender in der Berliner Abendschau meine alte Kreuzberger Kinderärztin. Sie ist längst pensioniert und hat am LAGeSo zusammen mit anderen ehrenamtlichen Ärztinnen und Ärzten eine Erste-Hilfe-Station eingerichtet. Es hat Wochen gedauert, bis man den ärztlichen Helfern einen Raum gegeben hat. Ihre Stimme bebt vor Wut, sie weist auf einen gebrechlichen Mann mit Stock neben sich und sagt nur mühsam beherrscht ins Mikrophon:

»Diesen Herrn, der schwerkrank ist, den ich heute behandelt habe, der hat hier drei Tage am LAGeSo gewartet – und diesem Herrn hat man mit einem ungültigen Hotelgutschein zu einer Adresse am anderen Ende der Stadt geschickt.«

Im Winter warten Menschen tagelang in der Kälte, es gibt Wärmezelte, die werden nicht geöffnet, weil ein Notausgang fehlt. Abhilfe schaffen Wärmebusse, die von einem berühmten Musiker und von Vereinen gespendet werden. Menschen, die tage- und nächtelang am LAGeSo gewartet haben, werden, wenn sie endlich registriert wurden, an den Stadtrand in den Grunewald zu Adressen geschickt, die es nicht gibt. Immerhin hat sich jetzt der Berliner Bürgermeister eingeschaltet. »Es werden immer mehr Flüchtlinge nach Berlin kommen«, sagt er. »Wir müssen sie gut versorgen und unterbringen, die Stadt Berlin muss das schaffen, und wir werden es schaffen.«

Ein Jahr später ist die Stimmung gekippt, was das Verhältnis zur Regierung und den Behörden angeht. Viele Leute haben sich im Herbst 2015 für kurze Zeit zum ersten Mal in ihrem Leben annähernd einverstanden gefühlt mit dem, was die Regierung unseres Landes, die Kanzlerin gemacht hat. Und viele, die sich damals engagiert haben, die aus voller Überzeugung halfen, den Geflüchteten eine menschenwürdige Ankunft zu ermöglichen, fühlen sich im Stich gelassen, als die Politik umschwenkte, als die Grenzen wieder dichtgemacht wurden, sobald die Umfragen ungünstiger wurden. Die Stimmung sollte gekippt werden. Weitergemacht wurde trotzdem. Manche haben das Helfen zum Beruf gemacht, manchen hat die Geflüchtetenhilfe einen bezahlten Arbeitsplatz gebracht. Manche, die auch ein Jahr nach dem Spät-Summer-of-Love noch bei der Sache sind, haben damals einfach »ihr Ding« gefunden. Manche haben sich mit den Leuten, die sie zuerst »betreut« haben, angefreundet. Ein Jahr später wohnen Menschen zwar immer noch in Turnhallen und Flugzeughangars, aber die Erstversorgung funktioniert, und die bürokratischen Abläufe wurden vereinfacht.

## Die Wilmersdorfer Witwen

Durch das Helfen hat sich vieles verändert. Wer hätte zum Beispiel gedacht, dass das Schreckbild der Wilmersdorfer Witwe einem völligen Imagewandel unterzogen würde? Die Wilmersdorfer Witwe ist in Berlin ein geflügeltes Wort, und der Titel eines Songs aus dem Erfolgsmusical ›Linie 1‹ (1986) des Berliner Gripstheaters. Die Wilmersdorfer Witwe war in den Achtzigern die Karikatur einer vermögenden und konservativen Kriegerwitwe aus den bürgerlichen Stadtteilen im Westen Berlins. Die verstorbenen Ehemänner der WW hatten in der Nazizeit hohe Posten inne und wurden mittels staatlicher Bezüge gut versorgt. Das Weltbild der WW ist geprägt von Konservatismus, Antikommunismus und Fremdenfeindlichkeit. Im Musical singen die vier Witwen:

»Ja, wir Wilmersdorfer Witwen
verteidigen Berlin,
sonst wär'n wir längst schon russisch,
chaotisch und grün.
Was nach uns kommt, ist schiete,
denn wir sind die Elite.

Wir Wilmersdorfer Witwen!
Wilmersdorfer Witwen.
Berlin erstickt vor Türken
und Asylantenpack.
Nur eins kann da noch wirken:
Knüppel aus dem Sack!
Mit Gott und Diepgen im Verein
Wird unsre Stadt bald sauber sein
wie vor fünfzig Jahren«

Tatsächlich wurde in den achtziger Jahren im Bezirk Wilmersdorf statistisch der berlinweit höchste Anteil von alleinstehenden Frauen im Pensionsalter ausgewiesen. Und nun das! Die Notunterkunft für Geflüchtete im ehemaligen Wilmersdorfer Rathaus gilt als vorbildlichste Einrichtung dieser Art in Berlin und zeigt das beispiellose Engagement der Wilmersdorferinnen. Über hundert Bürger sind dort aktiv – sie dolmetschen, verteilen Essen und Kleidung, organisieren Deutschunterricht und richten ein Kinderzimmer mit gespendetem Spielzeug ein, organisieren einen Frauentreff. Darüber hinaus behandeln Ärztinnen und Ärzte ehrenamtlich alle Bedürftigen. Die Wilmersdorfer Witwen von heute treffen sich sonntags reihum abwechselnd in verschiedenen Kirchengemeinden im Willkommenscafé mit Geflüchteten und laden dort zu Kaffee und Kuchen ein. Sie spielen mit jungen Geflüchteten Memory und Mensch ärgere Dich nicht und versuchen sich im Kennenlernen und Smalltalk:

»Ach, Sie kommen aus Afghanistan, Ali? Ich war ja auch einmal ein Flüchtling! Wir mussten damals aus Schlesien flüchten. Wir hatten in Deutschland einen schlimmen Krieg, und viele Leute mussten flüchten.«

Es ist Seltsames geschehen: Man ist als Linke kurzzeitig einverstanden mit den Entscheidungen einer konservativen Kanzlerin, man muss die Arbeit der Kirchen anerkennen und beginnt die Wilmersdorfer Witwen zu mögen.

## Kunst und narzisstisches Pseudohelfersyndrom

Manchmal gehe ich auf die Seite des ›Berliner Flüchtlingsrats‹, um nach Informationen und Angeboten für unsere TN zu suchen. Am Ende der Webseite sind »Möglichkeiten zur Unterstützung von Geflüchteten in Berlin« aufgelistet. Es gibt sehr viele Möglichkeiten, es ist für jeden Helfergeschmack etwas dabei. Am Ende der Seite heißt es:

»Aufgrund stark begrenzter Kapazitäten und der Vielzahl an Anfragen ist es uns leider nicht möglich, Kunst- und Kulturprojekte zum Thema »Flucht« zu begleiten oder dafür Kontakte zu geflüchteten Menschen zu vermitteln. Das Gleiche gilt für Referate, Hausarbeiten, Bachelor-, Master- und Diplomarbeiten. Wir hoffen auf Ihr Verständnis.«

Auch unseren Deutschkurs erreichen einige Anfragen, man sucht dringend Kontakt zu Geflüchteten für Interviews, Magisterarbeiten, spannende Projekte. Sogar zwei Reisende aus Hongkong, hippe junge Leute, wollen für ihre Netzzeitung unseren Kurs besuchen und ein bisschen filmen.

»Wir sprechen aber nur Deutsch im Unterricht, und ihr könnt nicht filmen, aber ihr könnt einfach mitmachen und auch Deutsch lernen«, schlagen wir vor.

Aber es geht ihnen gar nicht ums Mitmachen, es geht um die Bilder, und sie können überhaupt nicht verstehen, dass es für unsere TN nicht unbedingt angenehm ist, beim Deutschlernen gefilmt zu werden.

Auch die Kunstwelt hat die Geflüchteten bald entdeckt. Überall will man sich mit ihnen schmücken. Geflüchtete sind die neue »Nachhaltigkeit« und »Partizipation«, notwendige Chiffren in den Projektanträgen, wenn es darum geht, Gelder für das nächste künstlerische Projekt zu bekommen. Man kann durch die Beteiligung von Geflüchteten an einem Projekt zum Beispiel einen »dynamischen sozialen Raum« schaffen und »unterschiedliche Formen der Partizipation« darstellen, was beweist, dass das künstlerische Projekt die »Handlungsfähigkeit zeitgenössischer Kunst« bezeugt. Das Ganze eben als künstlerische Reaktion auf »den gegenwärtigen Moment sozialer Transformation und auf die Dynamik von Vertreibung und Migration«. Auch die Berliner Initiative ›Moabit hilft‹ wird mit Anfragen zu Kunstprojekten überhäuft. Es ist absurd. Während am LAGeSo hunderte Helferinnen Geflüchtete betreuen, die im Freien, bei Wind und Wetter, ohne Verpflegung und ohne medizinische Versorgung auf ihre Registrierung als Asylsuchende warten, suchen andere händeringend »echte« Geflüchtete für ihr nächstes Kunstprojekt oder Theaterstück.

Der Kunstkritiker Jörg Heiser spricht in dem Zusammenhang von einem »narzisstischen Pseudohelfersyndrom«:

»Es befällt im Herbst 2015 in nennenswertem Umfang Leute, die gebildet sind, künstlerisch tätig, sich für sozial engagiert und mitfühlend halten – und nicht fragen, wie sie helfen können, sondern mitteilen, dass man ihnen die Gelegenheit geben soll, sich beim ›Helfen‹ gut zu fühlen.«

Heiser zitiert die australische Geflüchtetenorganisation Rise, ein Hilfswerk von Geflüchteten, das Asylsuchenden Hilfe und Rechtsbeistand vermittelt. Zur Abwehr von künstlerischen Fluchtprojekten veröffentlicht Rise ein Manifest auf ihrer Website. In zehn Punkten richtet man sich an »die enorme Zahl« von Künstlern, die an die Organisation herantreten, »um Teilnehmer für ihre nächsten Projekte zu finden«:

»Wir sind kein Rohstoff, der in dein nächstes Projekt einfließt!«, steht da.

»Wer profitiert von dem Austausch?«, fragen sie und fordern von den Künstlern:

»Hinterfrage deine Absichten. Unsere Bemühungen sind kein Anlass, um auf unserem Rücken Karrieren voranzubringen.«

»Flüchtlingssolidarität ist mancherorts geradezu Popkultur geworden«, hat letztens jemand in der taz geschrieben.

Was spricht gegen künstlerische Initiativen, bei denen Geflüchtete aktiv mitwirken? Nun, vielleicht das Geflüchtete gar nicht frei in ihren Entscheidungen sind. Wer kann sich schon leisten, die Mitwirkung bei einem Theaterstück abzulehnen, wenn es der einzige Weg ist, die Öffentlichkeit zu erreichen, wenn es sich doch irgendwie günstig auf eine Aufenthaltserlaubnis auswirken könnte? Heiser meint, es sei legitim, die Themen Flucht und Geflüchtete künstlerisch zu bearbeiten, Hilfe für Geflüchtete dürfe aber kein Rekrutierungsraum der künstlerischen Ambition sein. Deshalb schlägt er vor, die eigenen Ambitionen erst einmal hinten anzustellen und zu schauen: Was wird überhaupt gebraucht? Das tun Theater in Berlin und anderen Städten bereits seit dem Herbst 2015. Nachdem in etlichen Stücken bereits »echte« Geflüchtete mitgespielt haben, ist man dazu übergegangen, praktische Hilfe zu leisten. Man bietet Übernachtungen für Geflüchtete ohne Obdach, Beratung und Deutschkurse in den Theatern an.

Im Frühjahr 2016 wurde im Rahmen des Berlin-Filmfestivals ›Achtung Berlin‹ in einem Berliner Kino der Film ›Fluchtrecherchen‹ präsentiert. Studierende der Filmuniversität Babelsberg Konrad Wolf und der Bauhaus Universität Weimar hatten 2015 begonnen, in einem von Regisseur und Drehbuchautor Michael Klier initiierten und betreuten Episodenfilmprojekt die Geflüchtetenbewegungen in Europa aus verschiedenen Perspektiven filmisch einzufangen. Herausgekommen sind elf filmische Skizzen, zusammengefasst in der Dokumentation ›Research Refugees – Fluchtrecherchen‹. Darin kreieren die Filmschaffenden aus acht Nationen ein Bild des deutschen Herbstes, der nach dem deutschen Spät-Summer-of-Love kam. Im ersten Kurzfilm wird das Berliner LAGeSo und die Arbeit der Freiwilligen gezeigt. Im Nachhinein sehr beklemmend ist es, die Polizeifotos zu sehen, mit denen nach dem kleinen Mohammed gefahndet wird. Seine Mutter hatte den Fünfjährigen aus den Augen verloren, als sie lange in der LAGeSo-Schlange warten musste. In einer späteren Einstellung sieht man dann die Kerzen, Blumen und Gedenkaltäre – der kleine Mohammed war aus dem LAGeSo verschleppt und ermordet worden.

Die Filme zeigen den Alltag in den Massenunterkünften, von dort aus geht es weiter bis zu den griechischen Inseln. Es sind Geschichten vom Ankommen in Europa, von der Weiterreise und dem langen Warten dazwischen. Auf Lesbos wird ein Imbisswagen zur improvisierten und dann heillos überlaufenen Akkuladestation, er zeigt die Hilflosigkeit der Geflüchteten, aber auch die der überforderten Inselbewohner.

Manche Filme sind wertvolle Zeitdokumente, andere zeigen, dass das Genre »Geflüchteten-Film« auch Gefahr läuft, zum Geflüchtetenkitsch zu werden. Dann wenn die Regisseure arg symbolische Bilder im Stil einer Opfer-Pieta produzieren, wenn drei Geflüchtete höchst symbolisch in goldene Kältedecken gehüllt, wartend vor einem Zaun im Abendrot stehen oder eine Schauspielerin als muslimisch gekleidete Frau mit maskenbildnerisch sonnenverbranntem Gesicht und aufgesprungenen Lippen auf einer Europalette übers Meer treibt.

Schlimm wird der Geflüchtetenkitsch an anderer Stelle, wenn die Lage der Geflüchteten zur Erhöhung der eigenen Credibility und zum künstlerischen Dekor benutzt wird. Was zum Beispiel ist in den chinesischen Künstler Ai Weiwei gefahren, fragte man sich spätestens, als er sich in einer Reenactment-Performance im Januar 2016 am Strand von Lesbos fotografieren ließ. Dort war zuvor ein dreijähriger Junge, Aylan Kurdi, ertrunken. Dessen Foto war um die Welt gegangen und hatte Mitgefühl erregt. Ai Weiweis Aktion rief Empörung hervor. »Geschmacklos!«, war die einhellige Reaktion der Kunst- und übrigen Welt, der chinesische Künstler jedoch blieb dem Thema treu. Als in Berlin das jährliche Charity-Event Cinema for Peace stieg, wurde Weiwei zum Charity-Dekorateur. Cinema for Peace ist eine Gala, die sich wegen der februarlichen Promidichte zeitlich an die Berlinale gehängt hat, hat aber nichts mit dem Filmfest zu tun. Weiwei ließ die Säulen des Konzerthauses am Gendarmenmarkt in einer temporären Installation hochsymbolisch mit hunderten »echten« gebrauchten, alarm-orangenen Rettungswesten von Geflüchteten aus Lesbos umwickeln. Auch ein Original Schlauchboot wurde aufgestellt. »Safe

Passage« stand über den Köpfen der Gäste zu lesen, »sichere Überfahrt«. Die so arrangierten Schwimmwesten wurden zur interessanten Kulisse für die Weltstars die in High Heels und Abendrobe auf dem roten Teppich zum Dinner empor schritten. Eine Charity-Gala, die nach dem Prinzip »Prominente und Reiche dinieren zugunsten von Menschen in Not«, hat ja immer einen fiesen Beigeschmack. Was im Haus am Gendarmenmarkt im Februar 2016 passierte, überbot jedoch alle bisherigen Charity-Geschmacklosigkeiten: Beim Festbankett wurden nämlich die anwesenden Glam-Stars, angeblich nach einer Idee Weiweis, aufgefordert, aus Solidarität mit den Geflüchteten goldene Kälteschutzplanen unter ihren Sitzen hervorzuholen und sie über ihre Abendkleider zu legen. Alle machten mit. Weiwei blieb der Idee des Katastrophenrecyclings treu und recycelte diese auch im Park des Wiener Belvedere. Tausendfünf Schwimmwesten band er im barocken Bassin vor dem Schloss diesmal zu Lotusblüten zusammen, so dass sie ein »F« formten.

Dass Hilfe für Geflüchtete zum Lifestyleaccessoire geworden ist, konnte man aus einem Interview der Verlegerin, Kunsthistorikerin und Society-Lady Angelika Taschen zu ihrem Leben in Berlin in der ›Welt‹ entnehmen. Das Interview wurde zum Lacherfolg im Netz und erlangte vor allem wegen der Ernährungspassagen Berühmtheit:

»Ich bin Wechseljuicer und Flexitarier und ernähre mich fast nur von Märkten: Gewürze wie Zatar oder Sumach für meine Ottolenghi-Gerichte finde ich bei meinem Araber auf der Potsdamerstraße.«

– Gegen Ende des Interviews wurde Frau Taschen noch nach Smalltalk-Tipps, idealen Gesprächs-Openern für Galerie-Eröffnungen, Literaten-Treffen, Frauenabende befragt. Taschen:

»Auf welchen Partys vom Gallery Weekend warst du? Fährst du auch nach Basel? Hast du noch ein Zimmer im ›Spielweg‹ bekommen? Man erzählt sich gern, wie lange man schon keinen Alkohol mehr getrunken hat und wann man sich erlaubt, endlich wieder anzufangen. Ob man auch was in der Uckermark kauft oder doch lieber in Sizilien. Wer mit wem flirtet; wer welche Flüchtlinge aufnimmt. Man spricht über Flüchtlingshilfe allgemein wie die Vermittlungsagentur ›Be an angel‹ oder das Frauennetzwerk ›Wir machen das‹. Und unbedingt über immer wieder neue Therapieformen: Somatic Experiencing oder, davon habe ich neulich gehört: Die Alexander-Technik, ein von Tänzern entwickeltes Körperhaltungstraining.«

Die drastischsten Kunstaktionen zum Thema Geflüchtete fallen aber immer noch dem ›Zentrum für politische Schönheit‹ (ZPS) ein. Bisheriger Höhepunkt war die Aktion ›Flüchtlinge fressen. Not und Spiele‹ im Sommer 2016, für die man einen Tigerkäfig mit vier lebenden Tigern in einer Arena am Gorki Theater in Berlin Mitte aufgebaut hatte. Das ZPS drohte, Geflüchtete an Tiger zu verfüttern, falls die deutsche Regierung weiter verhindere, dass offizielle und sichere Verkehrsmittel zur Einreise in die EU genutzt werden können. Mit der Aktion wollte die für ihre Provokationen bekannte Kunstgruppe erreichen, dass Geflüchtete grundsätzlich mit dem Flugzeug statt über den unsicheren Seeweg nach Europa reisen dürfen, um hier Zuflucht zu finden. Das Spektakel mit den Raubtieren verstand das ZPS als Gegenprogramm zur Fußballeuropameisterschaft, denn während diese als Unterhaltungsevent nur der Ablenkung von Problemen und Nöten diene, gehe es bei ›Flüchtlinge fressen‹ um Leben und Tod. Um Leben und Tod derer, die sich freiwillig fürs Gefressenwerden melden. Allein dass es Menschen gibt, die dies tun und als Akt des Protests zu sterben bereit sind, sollte deutlich machen, wie inhuman die herrschende Politik agiert – wie schuldig die Regierenden sich tagtäglich machen. Die Ankündigung, dass sich an einem Juniabend verzweifelte Freiwillige den Tigern zum Fraße vorwerfen würden, wenn die Bundesregierung nicht ihre Haltung gegenüber den sogenannten Bürgerkriegsflüchtlingen radikal ändere, ging zwar durch alle Medien, schockierte aber die Berliner und andere Zeitgenossen nicht besonders. Denn schließlich weiß man ja, dass das Zentrum für politische Schönheit Kunst und radikales Theater aus Medienstunts macht. So kamen dann an einem Dienstag zwar einige hundert Schaulustige zum Tigerkäfig, aber vorwiegend waren es Pressevertreter, theateraffine junge Menschen aus dem internationalen Easy-Jet-Set und ahnungslose Touristen. Es lief ein Countdown vor dem Käfig, Filme über ertrinkende und leidende Geflüchtete wurden gezeigt und dramatische Texte verlesen. Das Publikum wartete leicht genervt darauf, dass es endlich losging. Am Ende des Countdowns – der zumindest laut Ankündigung in die blutige Fressorgie münden sollte – wurde der Tigerkäfig abgedeckt und die Zuschauer wurden zum Theatereingang umgeleitet. Dort gab es einen dramatischen Auftritt einer syrisch-libanesischen Schauspielerin, die auf Arabisch und in deutscher Übersetzung erklärte, warum sie sich entgegen der Ankündigung nun doch nicht von den Tigern fressen lassen wolle:

»Was wäre mein Schreien gegen die ungehörten Hilferufe?«, erklärte sie unter Tränen. Außerdem wolle sie dem Publikum die grausigen Bilder ersparen. Aber da hatten die Anwesenden Schock-Theater-Fans schon das Interesse verloren und sich ihren Smartphones zugewandt. Zum Schluss selbstbezichtigte sich die schluchzende Schauspielerin noch des Versagens und übergab ihre Opferrolle ans Publikum – das sich aber aus verständlichen Gründen ebenfalls nicht von den Tigern zerfleischen lassen wollte. Und so ging das Spektakel, wie zu erwarten war, unblutig zu Ende. Nach der ganzen Aktion fragte man sich in kleinen Grüppchen vor dem Gorki Theater was nun von der Aktion des ZPS zu halten war. War es ein genialer Medien-Coup? Oder ist eine Aktion, in der eine Arena mit vier echten libyschen Tigern bestückt wird und verzweifelte Geflüchtete zum Suizid eingeladen werden, zu viel der Menschenverachtung? Einen schalen Nachgeschmack hinterlassen die spektakulären Aktionen des Künstlerkollektivs ZPS immer.

So auch bei der Aktion 2015 ›Die Toten kommen‹. Damals hatte die ZPS angeblich exhumierte Leichname von Geflüchteten aus Italien auf einem Berliner Friedhof beerdigt. Wer das makaber fand und nach der Würde der Toten fragte, musste sich natürlich auch fragen, was mit der Würde der Lebenden ist, die im Mittelmeer ertrinken. Es sterben ja andauernd Menschen auf der Flucht, und keiner verhindert es. Schon klar, dass es sich bei diesen Aktionen um eine radikale Form des Theaters handeln soll, die das zynische Spiel der Politik an Zynismus noch überbieten will. Aber durch diese Aktionen wird die ganze Fluchtthematik auf den Todesschock reduziert. Zum Glück wird ja in Wirklichkeit nicht jeder Geflüchtete zum Todesopfer. Wenn wir die Geflüchteten nur noch als verzweifelte, dem Tode geweihte Menschen sehen, wie sollen wir sie da als ganz »normale« Menschen wahrnehmen – und uns in ihre Lage versetzen und ihnen Interesse und Empathie entgegenbringen? Es ist wichtiger zu zeigen: Das sind Menschen, die Schlimmes erlebt haben, aber sie sind jetzt hier, wir sollten uns um sie kümmern und ihnen den Anfang erleichtern. Der Umgang mit Geflüchteten ist nicht unbedingt, belastend, ernsthaft und schwierig. Der Umgang kann spannend und interessant werden und unser Leben bereichern, wenn wir sie mal kennenlernen und auf sie einlassen. Wir können auch lustige, bizarre und schöne Situationen mit ihnen erleben.

Im Sommer 2016 entdeckte dann auch das IOC die Geflüchteten. Zum ersten Mal in der Geschichte der Olympischen Spiele wurde eine Geflüchtetenmannschaft zugelassen: Zwei Schwimmerinnen aus Syrien, zwei Judoka aus dem Kongo, ein Leichtathlet aus Äthiopien und fünf aus dem Südsudan. Sie alle sind in den vergangenen Jahren aus ihren Heimatländern geflohen, sie alle wurden vom Internationalen Olympischen Komitee (IOC) ins ›Refugee Olympic Team‹ berufen. Das IOC wollte damit »ein Zeichen der Hoffnung« für geflüchtete Sportlerinnen und Sportler setzen. Zudem soll eine eigene »Flüchtlingsmannschaft« darauf aufmerksam machen, wie viele Menschen derzeit weltweit auf der Flucht sind und unter den Folgen leiden. Die übergroße Inszenierung einer »Flüchtlingsmannschaft« scheint vor allem gute PR für ein Internationales Olympisches Komitee zu sein, welches aufgrund von Korruptionsvorwürfen und seinem Umgang mit dem russischen Dopingskandal aktuell in der Kritik stand.

# Familienleben

✓ Kann die eigene Familie beschreiben.
✓ Kann Familienmitglieder vorstellen.
✓ Kann Fragen zur Person in einem Formular ausfüllen.

Bei meiner ersten oder zweiten Stunde, bei einer der immerwährenden Vorstellungsrunden sagte ein Christian, er käme aus Polen und sein Tischnachbar auch, der sei nämlich sein Bruder. »Oh, ihr seid Geschwister!«, ging ich erfreut darauf ein und erklärte erst mal, was Geschwister sind, denn so dachte ich, das ist ja eine prima Gelegenheit, die TN zum Sprechen zu bringen. Jetzt sollen mal reihum alle erzählen, wie viele Geschwister sie haben. Das war ein großer Fehler. Die Ersten erzählten noch gutgelaunt und bereitwillig von ihren Geschwistern, wie viele große Brüder und kleine Brüder und Schwestern sie haben – aber schon der dritte TN wirkte bedrückt, und in der ganzen Klasse war es zu einem plötzlichen Stimmungsumschwung gekommen. Der Nächste zählte mit Tränen in den Augen seine Geschwister auf, und auch bei den anderen glänzte es verdächtig in den Augen. Dabei hätte mir eigentlich klar sein müssen – Familie ist ein ganz schwieriges Thema. Man weiß ja nicht, was passiert ist. Vielleicht sind sie gestorben, im Krieg umgekommen, auf der Flucht verlorengegangen, ertrunken, vielleicht sind sie auch noch am Leben, aber man wird sie nie wiedersehen, und das Heimweh und die Trennung macht alle so traurig. Themawechsel. Themawechsel. Themawechsel.

**73**

Aber Familie ist ein wichtiges Thema, wichtig sind ja nicht nur die Bezeichnungen der Familienmitglieder für den Wortschatz. Ich habe mir vorgenommen, im Unterricht systematisch vorzugehen und mit den Lehrwerken für Integrationskurse zu arbeiten, und im Kapitel Familie werden auch die Possessivartikel eingeführt. Am besten, man spricht beim Thema Familie nur von sich selbst:

»Ich habe einen Bruder, das ist mein Bruder, und ich habe eine Schwester, meine Schwester. Meine Tochter hat einen Sohn, ihr Sohn ist mein Enkel.«

Die Verwandtschaftsbezeichnungen machen ihnen Spaß, das kann jeder auf sich beziehen und etwas damit anfangen. Außerdem lockern Rätselaufgaben die Stunde immer auf, und die sonst eher Maulfaulen werden vom Ehrgeiz gepackt: Meine Schwester hat einen Sohn – das ist mein ...? Meine Mutter hat einen Bruder – seine Kinder sind meine ...?

Valery aus Kamerun wollte wissen, ob ich verheiratet bin. »Nein«, sage ich. »Ich bin nicht verheiratet, früher nicht und jetzt auch nicht.«

»Warum? Warum seid ihr alle nicht verheiratet?«, fragt er. Tatsächlich ist keiner aus unserem Team zurzeit verheiratet. Die Kollegin kommt rein.

»Judith, bist du verheiratet, hast du einen Mann?«, frage ich.

»Nein«, sagt sie. »Ich habe vier Männer! Vier Stück!« Das wiederum nimmt ihr keiner ab.

Unerlaubterweise (laut DaZ-Vorschrift im Kurs nur Zielsprache verwenden!) erzähle ich auf Englisch, dass ich in jungen Jahren nie heiraten wollte, und auch meine Freundinnen nicht – weil wir der Meinung waren, der Staat hätte sich nicht in unsere Beziehungen zu mischen und wir für das Zusammenleben und die Liebe kein Stück Papier brauchen.

»Und dann«, fuhr ich fort, nicht weil ich mich zur Integration verpflichtet fühle, sondern weil ich als Feministin natürlich denke, man kann den Leuten ruhig erzählen, wie unterschiedlich Frauen in Deutschland leben können:

»Ich brauche keinen Mann, ich habe eine Tochter, ich habe ein Enkelkind, eine Wohnung und einen Garten – wozu brauche ich einen Mann?«

Valery schaut mich sorgenvoll an.

»Und zum Heiraten ist es jetzt auch zu spät«, sage ich versöhnlich, damit das Thema auch mal vom Tisch ist. Valery blickt mich sehr ernst an:

»Es ist nie zu spät«, sagt er.

Das will ich wiederum nicht so stehen lassen, außerdem, wenn ich ausgefragt werde, kann ich auch zurückfragen:

»Und du, was ist mit dir? Bist du verheiratet? Wo ist deine Freundin?«

Aber das war keine gute Frage. Er schaut düster drein, und das Thema ist erst einmal erledigt.

In der nächsten Stunde sammeln wir weitere Verwandtschaftsbezeichnungen: Schwager, Cousin, Neffen, Nichten, Urgroßeltern. Beim Thema Schwiegermutter – französisch: belle-mère – erzähle ich, dass es in Deutschland das Klischee von der bösen Schwiegermutter gibt, die Schwiegermutter ist nicht sehr populär. Großes Kopfnicken und Zustimmung bei den westafrikanischen TN.

»Aber warum?«, frage ich.

»Ich bin auch eine Schwiegermutter und ich bin immer voll nett! Was habt ihr gegen die Schwiegermutter?«

Sie blicken mich vielsagend an, Blaise macht eine nonchalante Handbewegung und sagt auf seine unnachahmlich trockene Art in seinem afrikanischen Französisch: »Problème!«

Neue Worte lernen macht immer Spaß, aber bei der Grammatik gibt es immer auch verzweifelte Gesichter. Und man kann nicht eine Stunde lang »Wortschatzarbeit« machen. Der Mensch behält nur zehn bis fünfzehn neue Worte pro Stunde. Also Possessivartikel üben, Zettel legen. *Mein / meine* Mutter / Onkel / Tochter / Eltern / Geschwister ... Das Schnipseln macht mir Spaß, auch wenn meine Zettel immer arg krumm sind und dann im entscheidenden Augenblick auch irgendwas fehlt. Bildkarten können wir uns nicht leisten, und zum Selbstbasteln und Laminieren fehlt die Zeit. Bei den Legespielen ist die Fehlerfrustration der TN nicht so groß. Dass eine Methode ankommt, merkt man auch immer am Fotoaufkommen. Die krummen Schnipsel werden ausgiebig abgelichtet. Aber bei *meine* Mutter, *deine* Schwester, *mein* Cousin, *ihr* Großvater, *unsere* Mutter, *ihre* Tante, *sein* Bruder wird es schwer. Nur mit Mühe und Not geht das voran: Sei*ne* und ih*re* Mutter, aber se*in* und ih*r* Vater. Die TN tun mir leid, wie sie sich abmühen, und sie wissen ja noch nicht mal, dass man die Dinger noch deklinieren kann, dass aus den Possessivartikeln Possessivpronomen im Akkusativ, Dativ und Genitiv werden. Manchmal ist es auch gut zu wissen, dass wir in diesem Kurs nie so weit kommen werden.

## Die UMFs

UMFs – das sind im Behörden-Fachjargon Unbegleitete minderjährige Flüchtlinge. Manche nennen sich auch UMAs – (Unbegleitete minderjährige Asylbewerber). Ich hatte in den Nachrichten darüber gelesen und mir überhaupt nicht vorstellen können, wie Kinder und Jugendliche alleine die Flucht überstehen können. Aber es ist so, es gibt sie, und ich erfuhr, dass eine große Gruppe in Kreuzberg ankommen und praktischerweise in einem Hostel direkt am Kottbusser Tor untergebracht werden sollte. In Kreuzberg wollten sich mehrere Ehrenamtliche um sie kümmern, und ich schickte ihnen einen Flyer mit unseren Kurszeiten. Der Träger, also die soziale Einrichtung, die sich offiziell um die Jugendlichen kümmerte, meldete sich bei mir und fragte, ob wir denn alle aufnehmen könnten. Wir beschlossen, es zu versuchen, und eines Tages kamen dann achtzehn Jugendlichen samt Sozialarbeiterinnen und Übersetzer in unseren Unterricht. Da war Lebtag in der Bude. Am ersten Tag marschieren sie im Gänsemarsch pünktlich und voller Erwartungen ins Klassenzimmer. Sie sind zwischen vierzehn und siebzehn Jahre alt und kommen aus Afghanistan, aus Pakistan, aus Moldawien, dem Irak und Indien. Ganz frisch sehen sie aus, strahlen und lachen und suchen sich erwartungsvoll ihre Plätze. Sie freuen sich über das erste »Guten Morgen!«, und einer antwortet schon darauf. Wer jetzt wie gut im Lateinischen alphabetisiert ist, lässt sich bei dieser Gruppenstärke nicht feststellen, es sind ja noch etwa zwanzig erwachsene TN im Kurs.

Die Jugendlichen aus Pakistan springen auf, wenn ich sie anspreche, sie nehmen Haltung an, wie es im Militärjargon heißt, stehen vor mir stramm. Die Sozialarbeiterinnen sind meistens nett und helfen mit, nur eine arabischsprechende nervt ein bisschen, sie will ihren eigenen Unterricht machen. Auf dem Arbeitsblatt habe ich bei den Begrüßungsformeln das »Grüß Gott« wohlweislich durchgestrichen, denn das braucht in Berlin kein Mensch. Es ist schwierig genug, ihnen beizubringen, zu welcher Zeit man »Guten Abend«, »Guten Tag«, »Guten Morgen« und »Gute Nacht« sagt. Wozu am Anfang schon etwas lernen, was man im Alltag nie braucht? Aber das sieht die Sozialarbeiterin überhaupt nicht so. »Grüß Gott« wäre sehr wichtig, weil ja Gott drin vorkommt, und der kommt in der arabischen Anrede ja auch vor. Ich lasse sie kurz reden, habe aber keine Lust, mir von ihr in den Unterricht reinquatschen zu lassen. Auch meine Kollegin – in großen Gruppen unterrichten wir zu zweit – ist genervt.

»Wenn die Sozialarbeiterinnen alles besser wissen, sollen sie ihren eigenen Unterricht abhalten«, meint sie. Wir sind unbezahlt und deswegen auch frei in unseren Entscheidungen und deshalb wollen wir auch keine Einmischung von halbstaatlichen Trägerorganisationen.

Am nächsten Tag geht es weiter mit »Guten Morgen«, Tageszeiten und ersten Verben. Der Übersetzer hilft auch unseren »alten« TN – aber trotzdem gehen unsere afrikanischen TN ein bisschen unter und bleiben nach und nach weg. Es geht sehr schnell mit der Benachteiligung. Man gibt sich zwar Mühe, man versucht dagegen anzugehen, aber die Mehrheitsgesellschaft regiert auch im Klassenzimmer. Hat man zwanzig arabischsprechende Menschen im Kurs und zwei französischsprechende Afrikaner und fünf darisprechende aus Afghanistan, richtet man sich automatisch nach der Mehrheit. Wenn dann noch ein Übersetzer für das Arabische und Dari dabei sind, vergisst man einfach mal die Leute, die das nicht verstehen. Im Kurs ist es plötzlich wie in den Nachrichten und der Politik: Alles dreht sich nur noch um Syrien, die Anteilnahme der Bevölkerung, die Politik. Syrien ist Thema der Stunde, weil man sich durch die Fernsehbilder auch vorstellen kann, warum Menschen dort nicht bleiben können. Die Syrer sind die »guten« Geflüchteten, gebildet, alles Ärzte und Rechtsanwälte, zumindest aus der Mittelschicht, wird suggeriert. Die können wir hier gebrauchen, die Qualifizierten, die Jungen – die anderen können gucken, wo sie bleiben. Auch die Geflüchteten aus Syrien sind keinesfalls nur studierte Leute, oder vielleicht kommen die auch nicht zu uns. Zwei Zahnärzte aus Aleppo bleiben nur wenige Tage. Sie waren sehr motiviert, schon um die fünfzig, stets in zahnärztliches Beige-Cremegrau gekleidet. Ich nehme an, sie haben bald einen passenderen Kurs gefunden. Und ich kann mir vorstellen, dass es ihnen bei uns nicht so gut gefallen hat. Sie denken bestimmt, Deutschland wäre voll das saubere, reiche Land, und dann kommen sie in unsere Stunden in das verranzte Backsteingebäude mit dem Graffiti überzogenen Flur, den zugetaggten Wänden. Aber wir finden es auch ganz gut, dass nur die kommen, denen das Ambiente gefällt. Die passen dann auch besser zu uns.

Auch der liebe Wazim hat einen anderen Kurs gefunden, in Tempelhof an einer technischen Schule, er zeigt mir Fotos, ein seelenloser Neubau mit niedrigen Decken und resopalbeschichteten Tischen. »Wonderful« ist es da, sagt er. Alles neu, »tables, chairs«, ein neues Haus, neue Bücher. Das ist eine Ausnahme. Das saubere korrekte Hochglanz-Deutschland werden die Geflüchteten erst einmal nicht kennenlernen. Sie wohnen in schrottigen Massenunterkünften, in alten Schulen, modernen Bauruinen, in Containern, Kasernen, Zelten und Turnhallen, Traglufthallen und zugigen Flugzeughangars. Der Deutschunterricht findet in den Unterkünften oder in besetzten Häusern oder bei linken Projekten statt. Höchstens in alten Kirchengebäuden und an den Universitäten sieht es ein bisschen ordentlicher aus.

Ist das sinnvoll, unsere Energie jetzt auf die UMFs zu lenken, die zwar auch längst nicht genug Fürsorge bekommen und arm dran sind, aber im Vergleich zu den anderen relativ gutversorgt sind mit Hostelplätzen, Sozialarbeiter und Clearing-Verfahren? (Im sogenannten Clearing-Verfahren werden die Umstände der Flucht geklärt und Kontakt zu Verwandten hergestellt). Und unsere westafrikanischen TN, die nichts haben, keine Chance auf Bleiberecht, keine Deutschkurse – die bleiben außen vor?

Nach einer Woche schon haben die UMFs ihre untertänige Haltung abgelegt. Sie verhalten sich wie deutsche Jugendliche auch, sie stehen im Gang rum und müssen zum Unterricht nachdrücklich hereingerufen werden, trinken heimlich Wein aus einem Karton, den sie in der Küche gefunden haben, kommen ungern zum Unterricht. Sind darin auch witzig. Als es mal wieder um erste Verben und Sätze geht, sollen die TN die Frage beantworten:

»Was machst du heute Nachmittag?«

»Privatsache«, antwortet ein Unwilliger.

Nach zwei Wochen in Berlin sehen sie auch längst nicht mehr so frisch und gesund aus, sie sind immer todmüde. Zu zehnt in einem Hostelzimmer – das verspricht keine gute Nachtruhe.

Mit dem Smiley-System habe ich erklärt, wie man auf Fragen nach dem Empfinden antworten kann: »Es geht mir gut, sehr gut, super, es geht, so lala, es geht nicht so gut, es geht mir schlecht.« Yussuf, ein jugendlicher Charmeur, mit dem blendenden Aussehen des jungen Omar Sharif, blinzelt mich morgens immer verschlafen an:

»Guten Morgen wie geht es dir?«, fragt er.

»Mir geht es gut«, sage ich.

»Und wie geht es dir?« Auf die Antwort hat er gewartet:

»Mir geht es sehr schlecht«, sagt er, verdreht die Augen und macht ein mitleiderregend düsteres Gesicht. Ich bemitleide ihn ein bisschen. Dann lachen wir beide. Er wird bestimmt Schauspieler.

Ein paar Wochen später klärt sich die Sache mit den UMFs. Sie waren am Kottbusser Tor, von uns Kreuzbergerinnen liebevoll Kotti genannt, untergebracht, und man hat eingesehen, dass dies nicht gerade ein guter Ort für unbegleitete Jugendliche ist. Zum Beispiel weil die dort tätigen Drogenclans gerne noch nicht straffähige Jugendliche für ihre Kurierdienste einstellen. Die UMFs wurden also in den Berliner Bezirk Wedding verlegt. Später hörte ich nur noch von einem der ehrenamtlichen Betreuer, das Heim hätte den Ehrenamtlichen erst mal Hausverbot erteilt, den UMFs würde es dort nicht so gut gefallen, sie hätten Sehnsucht nach Kreuzberg. So ist es halt, wenn man frisch nach Berlin kommt. Einmal Kreuzberg, immer Kreuzberg.

Daf-Eva, die Freundin aus dem Badischen, hat sich endlich getrennt, hat ihren langweiligen Freund, die Sprachschule und das Studienkolleg in Heidelberg zurückgelassen und ist nach Berlin gezogen. Sie hat natürlich längst das BAMF

Zertifikat – die Voraussetzung für das Unterrichten im Integrationskursen –, sie hat ja Deutsch als Fremdsprache studiert. Nach mehreren Bewerbungsgesprächen hatte sie nach einer Woche schon einen Job in einem Integrationskurs in Lichtenberg und musste gleich mit Kapitel 2 ›Familie‹ einsteigen. Ein TN aus dem Sudan, nach seinen Familienverhältnissen befragt, antwortete dann auch wahrheitsgemäß:

»Ich habe zwei Frauen und vier Kinder«, die anderen TN fanden dass natürlich sensationell, lachten sich schlapp und feixten in Richtung neue Lehrerin, der Sudanese würde bestimmt noch eine dritte Frau suchen.

»O je«, sagte ich, »du hast aber Pech, dass du in der ersten Stunde auf einen Polygamisten triffst.« Ich war insgeheim froh, bis jetzt noch keinen Vertreter der Lebensform Vielehe im Kurs angetroffen zu haben. Gut möglich, dass ich an die Grenzen meiner Toleranzfähigkeit gestoßen wäre. Andererseits muss man ja die eigenen Einstellungen und Vorurteile immer wieder überprüfen und alles abstrahieren. Ist das westliche Ehemodell eigentlich so viel progressiver oder nicht auch reaktionär? Hier wird ja auch die Polyamorie als tolles neues Liebesmodell angepriesen, tröstete ich Eva. Das brachte uns zu der Einschätzung, dass uns persönlich die Polyamorie viel zu anstrengend wäre und zudem schwierig zu praktizieren wäre. Wenn es schon so schwierig ist, mal einen zu finden, der einem halbwegs gefällt und der kein vollkommener Idiot ist, wie soll man es da schaffen, sich gleich mehrere Liebesbeziehungen zuzulegen? Und laufen denn polyamouröse Beziehungen denn wirklich immer so frei und ehrlich und offen und toll ab? Und gibt es in den westlichen Formen der romantischen Zweierbeziehung

(RZB) und der seriellen Monogamie nicht jede Menge Lüge, Betrug, eheliche Untreue, Eifersucht, Geheimnisse, böswilliges Verlassen, Fremdgehen? Ist denn die Polygamie im Sudan um so viel schlimmer als die hierzulande gesellschaftlich akzeptierte Praxis, dass Männer zwar in der ersten Ehe ungefähr gleichaltrige Frauen heiraten, danach aber etwa alle zehn bis fünfzehn Jahre die Ehefrau gegen eine immer jüngere Frau umtauschen? Oder pro forma verheiratet bleiben, aber mit neuer Freundin und neuem Kind zusammenleben, nach dem früheren Seehofer-Modell? Man kann also alles relativieren.

## Wenn Hopfen und Malz verloren ist

Bei unserem Deutschkurs wollen alle lernen, für manche ist es der Höhepunkt des Tages. Aber manche lernen einfach nichts, obwohl sie wollen. Man muss es akzeptieren. Es gibt Fälle, bei denen ist einfach Hopfen und Malz verloren. Aïcha ist sechzig und kommt aus Tunesien, sie ist sehr freundlich, zuverlässig, kommt immer als Erste, lange vor Unterrichtsbeginn, in die Klasse. Sie bleibt auch immer bis zum Schluss und kann doch nach sechs Wochen noch nicht flüssig:

»Ich heiße Aïcha und komme aus Tunesien« sagen.

Unsere Kommunikation beschränkt sich darauf, dass ich zur Begrüßung den berühmten Hit ›Aïcha‹ des algerischen Raï-Musikers Cheb Khaled vorsinge:

»Aïcha, Aïcha, écoute-moi!« Dann lacht sie.

In der Stunde ist sie sehr still, und kommt sie beim Vorlesen, beim Sätze ergänzen, Fragen beantworten oder Verb einsetzen an die Reihe, lächelt sie nur hilflos und bleibt stumm, bis ihr ein hilfsbereiter Nachbar die Antwort vorsagt. Nur beim Thema Einkaufen und Essen wird sie ein bisschen aktiver. Einmal haben wir eine längere pantomimische Konversation, als ich das Verb backen erklären will. Wir tasten uns über das Kuchen kneten und Kuchen in den Ofen schieben langsam an das Wort heran. Aber kaum ist das Thema durch, zieht sie sich wieder zurück. Mich macht es fertig, dass es nach zwei Monaten keinen Fortschritt gibt, dass sie in der ewigen Vorstellungsrunde die gleichen Schwierigkeiten wie am ersten Tag hat, dass sie immer noch nicht sagen kann: »Ich heiße Aïcha, ich komme aus Tunesien«. Ich komme nicht dahinter – was ist es? Sie kann lesen und schreiben, sie schreibt jedenfalls immer alles von der Tafel ab. Aber es gibt ja keine klare Linie zwischen Alphabeten und Analphabeten. Es gibt auch versteckte und funktionale Analphabeten, die mit ausgefuchsten Strategien versuchen, ihre Lese- und Schreibschwäche zu vertuschen. Manche malen die Tafelbilder ab, ohne sie entziffern zu können. Ich frage die Profi-Kollegin aus dem Schuldienst um Rat, sie sieht das gelassener:

»Manche Leute haben einfach kein Talent zum Sprachen lernen. Das muss man akzeptieren.«

»Manche Leute sind richtiggehend lernbehindert«, sagt eine andere.

Sagt man das noch: lernbehindert? Wo es doch auch keine Sonderschulen mehr gibt? Heißt es dann nicht »Teilnehmer mit besonderen Bedürfnissen«? »Teilnehmer mit wenig Lernerfahrung«?

Die optimistische Kollegin sagt:

»Es ist doch egal, wenn sie nicht weiterkommt. Es wird ihr schon was bringen. Es wird ihr etwas geben, Tag für Tag hierherzukommen, auch wenn sie niemals ein Wort lernt. Was, wissen wir nicht.«

Moutaz kommt aus Syrien und Venezuela und beherrscht, soweit ich das beurteilen kann, das Spanische und Arabische nur rudimentär. Er schleppt sich auf Krücken her, aus seinem Bein ragen Schrauben und Metallwinkel. Ich frage, was passiert ist – ein Unfall? Man kann sich schwer verständlich machen, irgendwas mit Entzündung vielleicht. Er macht ebenfalls überhaupt keine Lernfortschritte, steht mit seinen Krücken aber jeden Tag an der Spüle und wäscht die Tassen und Gläser derer, die sie mal wieder stehen ließen. Jedes Mal nach dem Unterricht fordere ich die Männer freundlich auf, ihr Geschirr abzuwaschen – ohne Erfolg. Sie stellen es dann in die Spüle, waschen es aber nicht. Ich ärgere mich, aber nur kurz, denn es ist immer einer da wie Moutaz, der bleibt und die Tassen und Gläser von allen anderen abwäscht. Moutaz ist ein feiner Kerl, kriegt aber schlechte Laune, wenn es um die Artikel der, die, das geht, er versteht den Sinn nicht. Jose, der Kitesurfer aus Brasilien, der ab und an mit einem Gipsarm kommt (das Tempelhofer Feld ist ein hartes Pflaster), hilft ihm, so gut er kann: Der und die wäre doch wie im Spanischen el und la – aber Moutaz schüttelt unwillig den Kopf. Er wirkt oft mutlos, weil er gar nichts versteht, und bittet mich dann, die Aufzeichnungen in seinem Heft zu korrigieren. Wegen seiner krakeligen Schrift sind aber keine direkten Worte zu erkennen, und wenn, dann haben sie so viele falsche oder fehlende Buchstaben, dass das Originalwort nicht zu entschlüsseln, im besten Fall nur zu erraten ist. Dann schreibe ich das erratene Wort daneben.

Als ich im Winter zwei Wochen wegen einer Bein-OP fehle

und dann zum ersten Mal wieder den langen Gang zu unserem Klassenzimmer humple, steht er am Fenster, sieht mich, lässt freudig seine Krücken fallen und kommt mir ein paar Schritte entgegengehumpelt. Er freut sich so sehr über meine Rückkehr, dass mir, ein bisschen angeschlagen und gerührt, sofort Tränen in die Augen steigen. Auch, weil diejenigen, die mir doch viel näherstehen, sich längst nicht so über meine Wiederkehr gefreut haben. Und es ist so ein wehmütiges Gefühl zu erkennen, was man vorher nicht erkannt hat: dass mir dieser nahezu unbekannte Mensch Moutaz, der aus Syrien und Venezuela kommt und weder gut Spanisch noch Arabisch kann und auch das Deutsche wahrscheinlich nie lernen wird, mir so viel spontane Sympathie entgegenbringt. Moutaz kam noch ein oder zweimal und ward dann nie mehr gesehen.

Natürlich habe ich auch meine Lieblings-TN. Lange hatte ich einer Clique von westafrikanischen TN nachgetrauert. Sie waren so nett und so lustig und hatten so einen bestimmten Humor, und ich konnte ein bisschen Französisch mit ihnen reden. Sie sind ein Phänomen. Sie haben es vielleicht am schwersten von allen. Sie sind aus Kamerun, Mali, Burkina Faso, Elfenbeinküste, Ghana, sie haben gar keine »gute Bleibeperspektive«. Sie müssen ständig zurück nach Italien oder Spanien, um Papiere abstempeln zu lassen. Zwar können sie nicht nach Italien oder Griechenland abgeschoben werden, weil die Zustände für Asylsuchende dort nicht zumutbar sind, aber sie werden hier keine Arbeit bekommen, keine Unterstützung. Vielleicht in ein paar Jahren, wenn sie das Umherwandern so lange aushalten. Wenn sie noch mehr Glück haben, bekommen sie einen Job, nicht angemeldet für drei bis vier Euro pro Stunde, wenn sie Glück haben, wird ihnen das Geld ausgezahlt und sie werden nicht um ihren Lohn betrogen. Und sie sind, weil sie schwarz sind, hier noch mehr Rassismus ausgesetzt als die »weißen« Geflüchteten aus Syrien oder Afghanistan. Und trotzdem haben sie so eine nonchalante, heitere Art, sie scherzen viel untereinander. Aber nach und nach verschwinden sie auch von der Bildfläche. Aber wenn ich verreist bin und zwei Wochen lang nicht da war, sitzen oft völlig neue TN da, und ich kenne keinen. Die Leute sind schüchtern, machen nicht mit, manche wirken feindlich und abweisend, können noch nicht viel sprechen, trauen sich nichts zu. Aber es gibt immer einen Knackpunkt. Ich nehme mir drei Minuten Zeit, um etwas noch einmal extra zu erklären, ich mache einen dummen Witz, der vielleicht ausnahmsweise mal verstanden wird. Und beim nächsten Mal sind sie schon freundlicher und freuen sich, wenn ich in den Unterricht komme.

Das Unterrichten ist schon eine seltsame Sache: Manchmal fühlt man sich den TNs so nah, als wären sie gute alte Freunden. Trotzdem kann es auch zu kulturellen Missverständnissen kommen.

Als an einem Silvestermorgen nur fünf TN kommen, gehen wir zusammen in ein Café in der Nähe. Wir sprechen über Silvester und das alte und neue Jahr, wie es werden soll, was wir uns wünschen. Selbstverständlich wird alles fotografiert. Danach stehen wir draußen in unseren dicken Jacken im Schnee herum und Seniorboy umarmt mich herzlich und wünscht mir schon mal ein gutes neues Jahr. Ich bin kein großer Fan von ständigen Umarmungen als Abschieds- und Begrüßungsritual und verhöhne meine Freundinnen

gerne als »Bussi-Gesellschaft«, wenn sie mich zur Begrüßung küssen wollen. Aber hier so, am Heinrichplatz in der
Kälte, an diesem schönen sonnigen kalten letzten Tag im
Jahr, wird mir recht feierlich zumute. Schließlich umarme
ich auch Judith und die TN, und die TN umarmen sich gegenseitig, auch die anwesenden Weltreligionen fallen sich
in die Arme, und so bricht ein hippiemäßiges gegensei-
tiges Ge-Umarme aus, und der traurige Paniktabletten-Ben
sieht sogar ein bisschen glücklich aus. Es ist ganz schön,
den letzten Tag im Jahr so zu begehen, und alle stapfen im
Schnee auseinander. Als ich am vierten Januar wieder in der
Schule bin, stürzt Blaise auf mich zu, umarmt und drückt
mich ganz fest, als wolle er mich gar nicht mehr loslassen.
»O je«, denke ich, »was ist denn jetzt los? Ist etwas passiert,
oder denkt er seit Silvester, wir machen das jetzt immer so?«
Ich fühle mich nicht bedrängt oder angemacht – so ist die
Umarmung auch nicht gemeint, bin aber trotzdem leicht
pikiert. Ich will nicht, dass das mit den Umarmungen ein-
reißt, es scheint mir doch nicht der richtige körpersprach-
liche Umgangston zwischen Kursleiterin und TN zu sein.
Als meine Kolleginnen dazukommen und mich ganz normal mit »Hallo« begrüßen, schaut Blaise interessiert zu, und
vom nächsten Tag an kehrt er zu einem lächelnden »Guten
Morgen, wie geht es Ihnen?« zurück.

# Der Tag und die Woche

✓ Kann sagen, was er / sie an einem normalen Tag macht.
✓ Kann über Freizeit und Hobbys sprechen.
✓ Kann nach der Uhrzeit fragen und antworten.

Nach dem mühsamen Vorstellen, der ewigen Du-sie-Unterscheidung und der sensiblen Familienlektion, ist es immer eine Erleichterung, wenn man zu den ersten einfachen Verben kommt.

»Was machst du heute Nachmittag?«, frage ich.

»Ich lerne Deutsch«, sagen die Strebsamen, »ich lese, ich spiele Fußball, ich telefoniere mit meiner Familie, ich esse, ich schlafe«, die anderen.

Der im himbeerfarbenen Hemd, der einer geduldigen Kollegin immer wieder lang und breit erzählt, dass er in Pakistan als Fahrer gearbeitet hat, aber hier nicht fahren darf, der die Grammatik schnell versteht und immer alles vorsagt und die anderen TN nervt, der muss natürlich mit seiner streberhaften Religiosität angeben und verkündet:

»Ich gehe fünfmal am Tag in die Moschee beten.«

»Gut«, sage ich und will schnell weitermachen. Aber dann kommt die Frage, was denn Moschee heißt. Ich hatte zuvor selbstverständlich angenommen, Moschee wäre ein arabisches Wort, aber Moschee heißt auf Arabisch Masdschid, erfahre ich. »Nein, das heißt anders, Dschami«, sagen ein paar andere, und dann beginnt eine rege Diskussion auf Arabisch. Ich zeichne mal eine Kirche an die Tafel und schreibe Kirche drunter und versuche mich an einem Gebäude mit Minarett und schreibe Moschee. Aber keiner beachtet mich. Das Gespräch unter den arabischsprechenden TN wird lauter, irgendwie gereizter – es geht jetzt wohl um etwas Strittiges, Anderes.

»Wollen wir jetzt weitermachen, oder wollt ihr weiter über Religion reden?«, frage ich.

»Weitermachen«, sagt eine syrische Teilnehmerin sehr bestimmt, und das ist mir sehr recht. Manchmal ist ein bisschen Autorität auch gut, und die allgemeine Weltlage hat bei mir sowieso zu einem großen Religionsüberdruss geführt. Die Anteilnahme nach den Pariser Anschlägen auf Charlie Hebdo war weltweit groß, die Leute färben ihr Profilbild auf Facebook in den Farben der Trikolore und posten: »Je suis Charlie Hebdo« und »#PrayForParis«. Einer der Überlebenden Charlie-Hebdo-Karikaturisten antwortete mit einer Zeichnung ebenfalls auf Facebook. Unter einem schiefen Eiffelturm steht: »Friends from the whole world. Thank for your #PrayforParis, but we don't need more religion! Our faith goes to music! Kisses! Life! Champagne and Joy! #Paris is about life.«

Wazim ist erst seit zwei Monaten in Deutschland und entsetzt, weil er mitbekommen hat, dass hier viele den Islam mit Terror gleichsetzen und muslimische Menschen für Terroristen halten. Er will mir erklären, dass der Islam ganz anders ist.

»I know«, sage ich, aber ich habe keine Lust, über Religion zu reden,

»I know Islam is not terrorism. But there are a lot of stupid people in Germany. As everywhere else.« Lasst mich alle in Ruhe mit eurer Religion, denke ich.

**90**

Andererseits ist in diesen Zeiten wenigstens auf die Kirchen ein bisschen Verlass, als eine der letzten Institutionen, denn sie nehmen Geflüchtete auf, gewähren Kirchenasyl. In Kreuzberg eröffnete im Oktober 2015 die erste »Flüchtlingskirche« Deutschlands. Mit der Kirche wurde ein Ort geschaffen für Menschen, die sich ungeachtet ihrer Herkunft, Konfession, Sprache, ihres rechtlichen Status, Alters und Geschlechts treffen und in allen Fragen beraten und helfen lassen können.

## Zaubern, Spazieren, Räubern

Manchmal klebe ich einzelne Worte oder Aufgaben auf den Arbeitsblättern ab, weil sie mir nicht passend oder zu schwierig vorkommen. Die TN sind nämlich sehr gewissenhaft und wollen immer alles machen, was auf dem Blatt steht, man kann nach Aufgabe 2 nicht sagen, wir gehen zu Nummer 5. Also man kann es sagen – sie werden aber trotzdem versuchen, auch Aufgabe Nummer 3 und Nummer 4 zu beantworten, und geben keine Ruhe. Bei der Vorbereitung für die ›Freizeit-Lektion‹ hatte ich ein Arbeitsblatt zum Thema »Freizeitbeschäftigungen« in einem kopierten Heft für Asylbewerberinnen gefunden. Es ging um Freizeitaktivitäten, die mit einfachen Zeichnungen dargestellt waren. Das »Theater spielen« neben einer Maske und einem Vorhang schien mir schon schwer vermittelbar, ich ließ es aber drin. Bei der Aufgabe ›Zaubern‹ strich ich aber das Wort und das erklärende Bild eines Zauberhuts und -stabs mit schwarzem Edding durch, bevor ich die Kopien machte. Zaubern schien mir keine adäquate Beschäftigung für Erwachsene zu sein und ist auch schwer zu erklären. Und man muss sich die Sache ja nicht schwieriger machen, als sie sowieso schon ist. Beim Blätter austeilen im Kurs zeigte sich dann aber, dass noch Umrisse zu erkennen waren, und vor allem die westafrikanische Gruppe, die auch zusammensitzt, fragte mich mehrmals, was da denn stehen würde.

»Ach nix«, sagte ich, »ist nicht so wichtig.«

Das reizte ihre Neugier noch mehr, die arabische Fraktion und die Afghanen wollten es jetzt auch wissen – und schließlich sagte ich:

»Das ist für Kinder – Zaubern.«

Da mir weder das englische, noch das französische und erst recht nicht das Wort auf Arabisch, Urdu, Dari, Farsi, Bambara, Wolof oder Twi einfiel, rätselten wir alle ein bisschen herum. Ich deklamierte erfolglos eine Abrakadabra-Simsalabim-Zauberformel, David Copperfield war ebenfalls kein Begriff, und auch die Kaninchen-aus-dem-Hut-Zieh-Pantomime stieß auf pure Verständnislosigkeit. Schließlich sagte ich zum englisch-arabischsprechenden Mohammed: »You know, like Harry Potter!« Er blickte mich wissend an. »Black Magic!«, flüsterte er mit seinem französisch-sprechenden tunesischem Nachbarn, der gab mit raunender Stimme: »Magie noir« an die französischsprachigen Westafrikaner weiter – und so machte das Wort die Runde. Die vorher so neugierigen TN blickten sehr erschrocken, aber auch dankbar, dass ich ihnen dieses schlimme Wort nicht beibringen wollte. Das Thema Freizeit birgt aber weitere Gefahren. Die Frage:

»Was hast du gemacht, kann manche TN auch aggressiv und traurig machen

»Nichts habe ich gemacht«, sagt Achmed: »Schlafen und essen und schlafen und essen.«

Bei all den Schwierigkeiten mit der deutschen Sprache finden die TN doch schon in den ersten Wochen, beim ersten Sprachkontakt, deutsche Lieblingsworte. Und zwar durchaus auch die »lernungewohnten« TN. Das Wort spazieren gehen beschäftigte uns bei der Besprechung eines Mailiedes fast eine Stunde lang. Die vorwiegend arabischen TN, auch die, die sehr gut Englisch sprechen, konnten sich einfach nichts darunter vorstellen. To walk, to go, to run, to go for a walk, hiking – das trifft es ja alles nicht. Spazieren gehen als eine Bewegung ohne das direkte Ziel von A nach B, erkläre ich.

»Zur Schule spazieren?«

»Nein. Wir gehen zur Schule, zur U-Bahn, zum LAGeSo. Aber wir gehen am Sonntag im Wald spazieren.«

Auch ein schlechtes Beispiel für Leute aus dem arabischen Raum. Erst über das Bild: »Wenn du eine Freundin hast, dann gehst du vielleicht mit ihr spazieren, Hand in Hand«, hatten sie es schließlich verstanden und fortan benutzten sie das schöne neue Wort bei sämtlichen passenden und weniger passenden Gelegenheiten mit einem überlegenen Geschichtsausdruck.

»Nächste Woche machen wir einen Ausflug zur Bibliothek.«

»Aha! Spazieren gehen!«

Das Winterwetter und der Schnee beschäftigt vor allem die TN aus den wärmeren Gefilden, die den ersten Winter in Europa erleben. Blaise begeisterte sich nach einer pantomimischen Aufstellung im Klassenzimmer sehr für die martialische Schneeballschlacht und fand es phonetisch viel passender als das französische Pendant Bataille de neige.

Um die Bedeutung des Wortes erzählen zu vermitteln und es von den Wörtern sagen, sprechen, reden abzugrenzen, musste ich einmal lang ausholen, bis zur Großmutter, die Märchen erzählt. Danach musste ich natürlich erst mal das Genre Märchen erklären. Mit ›Schneewittchen und die sieben Zwerge‹, ›Aschenputtel‹, ›Cinderalla‹ kommt man da nicht weit. Aber immerhin landete ich bei ›Ali Baba und die vierzig Räuber‹.

»Ali Baba et les quarant voleurs?«, fragt Antoine.

Da fiel endlich der Groschen: Märchen – Märchen erzählen – alles klar. Antoine war tiefbeeindruckt vom deutschen Räuber, ob voleur wirklich Räuber heißt, will er wissen. Die von mir aufgezählten Komposita Bankräuber, Straßenräuber, Räuberleiter, Räuberpistole, Räuberhöhle, Posträuber, Grabräuber, Räuberbande, Räuberhauptmann, Räuberkostüm kommen so gut an, dass ich sie alle an die Tafel schreiben muss.

Das sind dann schon die schönen Momente, in denen man auch die Begeisterung der TN für die Sprache mitkriegt, wenn die Magie der Worte wirkt. Oder ist es nur Language-Awareness, wie man im DaZ sagt? Andere deutsche Worte klingen in den Ohren der TN geradezu lächerlich. Als bei den Berufsbezeichnungen für die weibliche Form das -in angehängt wird, Ärztin, Sekretärin, Lehrerin, Verkäuferin, Managerin und ich auf den Plural Managerinnen, Sekretärinnen hinweise, lacht sich Valery schon schlapp. Und als ich seine Frage, ob es dann etwa auch Polizistinnen hieße, bejahe, sind der allgemeinen Heiterkeit keine Grenzen mehr gesetzt. Emanuel wiederum fand es wahnsinnig lustig und typisch deutsch, dass man am Telefon »Auf Wiederhören« und nicht »Auf Wiedersehen« sagt. Warum? Man weiß es nicht. Man steckt nicht drin, man schaut nicht raus, wie die Berlinerinnen sagen.

## Singen

Um eine Freizeitbeschäftigung kommen unsere TN aber nicht herum: Um das Singen. Unser Seniorboy kommt zweimal die Woche mit Aktentasche, Fahrradhelm und Gitarre auf den Rücken geschnallt angeradelt und rundet seinen Fortgeschrittenenkurs gerne mit einem Lied ab. Und da ich nun auch sehr gern singe, legen wir manchmal unsere Kurse zum Singen zusammen. Und ich bin verwundert, wie freiwillig und inbrünstig alle mitsingen. Es ist auch immer ein schöner Abschluss der Stunde. Seniorboy meint, das sei normal, alle Menschen aus allen andren Ländern singen lieber als die Deutschen. Er muss es ja wissen, er hat schon in einigen Ländern der Erde unterrichtet. Am Anfang wunderte ich mich noch sehr, als er bei unserer ersten Singstunde das Lied ›Heut kommt der Hans zu mir‹ anstimmte. Den Refrain

»Ob er aber über Oberammergau,
Oder aber über Unterammergau.
Oder aber überhaupt nicht kommt,
Ist nicht gewiss.«

fand ich wegen der Zungenbrecherei fast gemein, aber die arabischen TN konnten sogar das »Ob er aber über Oberammergau« ganz gut singen. Seniorboy geht in seiner Liederauswahl stets ganz unorthodox vor und nimmt auch keine übermäßige Rücksicht auf kulturelle Unterschiede. Zuerst wollte ich eingreifen, als er einmal ausgerechnet ein Whiskeybarlied aus seiner alten Ledertasche zog, es sind doch bestimmt immer achtzig Prozent unserer TN Moslems. Aber vielleicht ist es auch grade gut so, dass einer nicht groß drüber nachdenkt, was die Leute jetzt schockieren könnte, dachte ich dann. Und was passt schon? Auch die schönen Mailieder kommen, aus Geflüchtetenperspektive betrachtet, fast zynisch rüber:

»Der Mai ist gekommen, die Bäume schlagen aus.
Da bleibe wer Lust hat mit Sorgen zu Haus.
Wie die Wolken dort wandern am himmlischen Zelt,
So steht auch mir der Sinn in die weite, weite Welt.«

Ist es für die Geflüchteten nicht so, dass, wer Sorgen hat, in die weite Welt ziehen muss, und wer keine Sorgen hat, zu Hause bleiben kann? Trotzdem ist es Salious Lieblingslied. Im Unterricht ist er immer unsicher und kaspert verlegen rum, wenn er sprechen soll, oder wendet sich hilfesuchend an seinen Nachbarn. Das Mailied aber schmettert er selbstbewusst, vor allem die letzte Zeile hat es ihm angetan:
»Die weite, weite Welt!«
›Die Gedanken sind frei‹ ist eines meiner Lieblingslieder aus Seniorboys Repertoire. Das habe ich im Schulchor schon gesungen und damals schwer darüber nachgedacht: »Ist doch klar, dass die Gedanken frei sind. Kann doch eh keiner wissen, was man denkt. Warum dann die Forderung nach Gedankenfreiheit?« Auch das Übersetzen ist eine Herausforderung: »Les pensées sont libres«, das geht ja noch, aber dann: nächtliche Schatten? Was heißt noch mal Schatten auf Französisch? Die Sonne scheint ins Zimmer, und Jamal macht Schattenspiele, zaubert afghanische Hasenohren an die Wand, was die anderen TN aber ganz auf die falsche Hasenfährte bringt. Endlich sagt es einer: »L'ombre!« So gehen wir langsam vorwärts.

»Kein Mensch kann sie wissen,
Kein Jäger erschießen
Mit Pulver und Blei.
Die Gedanken sind frei.«

Beim alljährlichen Sommerfest des Projektes und Gebäudes, in dem unsere Klassenräume sind, wollen wir mit dem Chor auftreten. Seniorboy nimmt die Sache in die Hand, und in den Wochen vor dem Fest wird die letzte Schulstunde mit allen Klassen, Alpha, Anfänger, Fortgeschrittenen, geprobt. Das ist immer ein sehr lustiges Gequetsche und Stühle rücken, vierzig Leute in einem Zimmer. Seniorboy erklärt vorher immer den Text, und wir versuchen so gut wie möglich ins Englische und Französische zu übersetzen. Für unseren Auftritt wählt Seniorboy auch ein recht seltsames Lied ohne Titel aus:

»Der Mond sprach zur Sonne ich lieb dich,
sag Sonne, liebst du mich denn auch?
Wenn ja, komm ich rüber und küss dich,
das ist bei Verliebten der Brauch.
Die Sonne jedoch hatte Angst vor ihm,
sie lief ihm davon und das ärgerte ihn.
So läuft er schon viel tausend Jahre
Der Sonne im Dauerlauf nach.
Seit der Zeit, seit der Zeit, seit der Zeit
gibt's bei uns die Nacht und den Tag.«

Ich übersetzte ein bisschen auf Französisch, aber mir fiel die Übersetzung zu »folgt ihr nach«, also »verfolgen« nicht ein, und so stellten Seniorboy und ich in einer Spontanpantomime Sonne und Mond dar. Ich verfolgte ihn als Mond quer durchs Klassenzimmer, und er machte als Sonne ein ängstliches Gesicht und rannte davon – dies natürlich alles zur großen Erheiterung sämtlicher Anwesenden. Seniorboy deklamierte die zweite Strophe:

»Conchita aus Bella Montore
Die liebte den Don Alvarez,
Doch dieser, ein Grande Señore
Hat sie schon öfter versetzt
Conchitas entfesselte Leidenschaft
Hätt sie um ihr bisschen Verstand gebracht.
Sie riss sich die Kleider vom Leibe
Und sprang splitternackt in sein Haus,
Caramba! Caramba!
Und kam als Frau Alvarez raus.«

In letzter Sekunde brach ich die Spontanpantomime ab – wie kommt er auf so ein Lied? War es zu seiner Studienzeit beliebt, weil es ein bisschen anrüchig war? Ich stellte mir Seniorboy so im Stil der ›Feuerzangenbowle‹ beim begeisterten Absingen herrlich »schmutziger« Lieder oder studentischen Verballhornungen mit Studienkollegen vor. Aber die ›Feuerzangenbowle‹, 1944 verfilmt mit Heinz Rühmann, basierend auf dem Buch von Spoerl, aus dem Jahr 1933 und Seniorboys Studentenzeit wird ja wohl eher in den Fünfzigern gelegen haben. Und was sollte das denn jetzt mit dem Don Alvarez? Eine Anspielung auf Carmen? »Läuft splitternackt in das Haus, kommt als Frau Alvarez raus«, das heißt dann, wenn man diese Verklausulierung decodiert, dass es drinnen zum Äußersten kam? Und was hat das wiederum mit der Geschichte von Sonne und Mond zu tun? Und warum in aller Welt wählt Seniorboy so ein Lied für unsere TN aus?

Eine Kollegin erzählt, es habe bereits bei einer anderen Probe Protest gegeben: Dieser Unterricht wäre ja auch so was wie ein Schutzraum für die Leute und man müsse sie jetzt nicht extra Kulturschocks aussetzen, wäre gesagt worden. Seniorboy ließ das aber nicht gelten. Ob es jetzt ein Kulturschock für die TN war, weiß man nicht. Aber ich selbst will nicht in die Situation kommen, vor den TN zu stehen und solch einen Text übersetzen zu müssen. Irritiert, aber auch fasziniert von diesem seltsamen Lied fing ich an nachzuforschen und entdeckte zuerst eine dritte Strophe:

>»Es stand einst, am Golf von Biscaya,
Ein Schloß auf den Felsen am Meer.
Dort lebte ein einsamer Ritter
Der lebt heut' schon lange nicht mehr [...]«

Diese Strophe brachte mich bei der Textexegese aber auch nicht weiter, sie machte das Lied eher noch rätselhafter. Schließlich entdeckte ich den Titel ›Der Mond sprach zur Sonne ich lieb dich‹ auf der Mary-Roos-CD ›Jugendsünden‹ neben anderen interessanten Titeln wie ›Ich schenk dir zum Geburtstag einen Parkplatz‹. Die Aufnahmen waren von 1968. Ich hätte es eher den verklemmten Fünfzigern mit dem Faible für einen Hauch von Exotik zugeordnet, es atmet doch so gar nicht den Geist von 1968. Also forschte ich weiter. Und siehe da: Evelyn Künneke hatte es vorher gesungen. Der ursprüngliche Titel des Liedes lautet ›Drei kleine Geschichten‹ – ein Jazz-Schlager im Original vom Jack-Harkins-Quintett. ›Drei kleine Geschichten‹ mit Evelyn

Künneke gilt als der erste deutsche Nachkriegshit und hat somit geradezu historische Bedeutung. Wie man auf dem Single-Etikett nachlesen kann, wurde die Platte vorschriftsmäßig »mit Genehmigung der Nachrichtenkontrolle der Militärregierung« hergestellt. ›Drei kleine Geschichten‹ ist eine der wenigen gemeinsamen Arbeiten von Michael Jary und Hans Orling. Der Text setzt sich aus drei Textproben zusammen, die der Texter Orling dem berühmten Komponisten Jary zur Ansicht geschickt hatte. Deshalb haben die Strophen auch so gar nichts miteinander zu tun. Der Textdichter wollte wohl beweisen, dass er sowohl Ritterlieder, Sonne-Mond-Romantik und Caramba-Schlüpfrigkeiten im Repertoire hatte.

Wir proben wochenlang für das Sommerfest. ›Bruder Jakob‹, ›Der Mai ist gekommen‹, ›Auf der Mauer auf der Lauer‹, ›Der Mond sprach zur Sonne ich lieb dich‹. Die anderen Lehrerinnen murren schon ein bisschen, weil so viel Zeit fürs Singen draufgehe, aber was auf der letzten Teamsitzung durchgesetzt wurde, ist unumstößlich.

Die wiederholten kollegialen Hinweise, dass nicht alle TN Englisch verstünden, hatte Seniorboy sich zu Herzen genommen und lässt die Texte nun auch auf Arabisch und Dari übersetzen. Da geht immer einige Zeit ins Land, bis so eine Strophe dann auf Deutsch deklamiert und ins Englische, Arabische, Französische und in Dari übertragen wurde. Vor allem Dari scheint eine sehr wortreiche Sprache zu sein, da dauert die Übersetzung viermal so lang wie im Arabischen. Vielleicht will Jamal ja seinen Landsleuten alles genau erklären, und Aschad gibt den arabischen TN nur die short version?

Die Kolleginnen beschweren sich über die Kinderlied-
singerei, aber auf dem Sprachniveau A1.1 gibt es nicht viel
Auswahl. Es sollen ja einfache Lieder sein, keine Nebensätze,
überschaubarer Wortschatz. Da landet man dann bei ›Bruder
Jakob‹. Für den Kinderliedklassiker gibt es immerhin Übersetzungen in dreiundzwanzig Sprachen. So kann man einen
kleinen Sängerwettstreit veranstalten, wenn die jeweiligen
Landsleute in ihrer Sprache eine Strophe Gruppen-Solo singen. Jede Ländergruppe will dann selbstverständlich besonders schön und kräftig singen, es gibt Szenenapplaus und
beim »Ding Dang Dong« singen dann alle wieder mit, das
ist tatsächlich in allen Sprachen gleich.


## Das Sommerfest

Die Kolleginnen wünschen sich für das diesjährige Sommerfest eine klein wenig modernere Liederauswahl, vielleicht
auch mal ein Lied, das kein Kinderlied ist und nicht unbedingt aus der deutschen Wandervogelbewegung. Vielleicht
ein Lied, dass ein klein wenig zu der Situation unserer TN
passt, irgendwie auf die Wirrnisse der Welt, auf Krieg und
Flucht eingeht? ›Imagine‹ schlägt jemand vor, das wurde
in letzter Zeit aber auch arg überstrapaziert. An jedem An-
schlagsort setzte sich jemand ans Klavier und ließ sich dann
für YouTube filmen, außerdem können die meisten TN gar
kein Englisch und sind wir ja auch ein Deutschkurs. Schließlich schlage ich den alten Dylan-Schinken ›Blowin' in the
wind‹ vor. Die deutsche Fassung ist furchtbar, die Phrasie-
rungen stimmen nicht, es lässt sich überhaupt nicht singen.
Also singt, wer Englisch kann, die englische Strophe, und alle

zusammen singen dann den deutschem Refrain: »Die Antwort, mein Freund, weiß ganz allein der Wind. Die Antwort weiß ganz allein der Wind.« Seniorboy verkündet:

»Das ist ein Lied gegen den Krieg«, ich übersetze: »C'est une chanson contre la guerre.« Jamal übersetzt den englischen Text für die afghanischen TN, was ja bei vier Strophen ungefähr zwanzig Minuten dauert, weitere Übersetzungen gehen in den Wirrungen der Singstunde unter. Ich schreibe den Refrain an die Tafel. Die englische Strophe singt kaum jemand mit, dann, im Refrain, erhebt sich ein noch unsicherer, aber immer kräftiger werdender Männerchor: »Die Antwort, mein Freund, weiß ganz allein der Wind, die Antwort weiß ganz allein der Wind.« Und das ist auf einmal so schön und auch rührend, wie dieses in über fünfzig Jahren abgedroschene, zu Tode gecoverte, an den Lagerfeuern dieser Welt verhunzte Lied plötzlich einen neuen Sinn bekommt. Sogar die melancholische Melodie gefällt mir zum ersten Mal nach Jahrzehnten wieder. Es ist, als hörte ich das Lied wieder ganz neu in der Interpretation unserer Leute, die doch noch gar nicht so richtig verstanden haben können, was es bedeutet. Aber sie singen so, als ob sie es wüssten. Blaise klärt mich auf, dass sei ein sehr gutes Lied, ein »chanson très bon, très connue«, sehr bekannt. Jamal kannte das Lied nicht und postet auf seiner Facebookseite eine Zeile daraus: »How many years can some people exist before they're allowed to be free?«

Ich hab es gewusst: Gute Lieder sind nicht kaputtzukriegen, sie funktionieren immer wieder, auch nach Jahrzehnten noch. Evergreens. Es ist fast zu kitschig – aber wenn es nun einmal wahr ist? Es gibt sie, die Magie der Lieder.

Allerdings gilt das auch für Lieder wie ›Verdammt ich lieb

dich‹ von Matthias Reim. Aschad und seine drei Brüder haben ein Faible für Matthias Reims Smash-Hit aus dem Jahre 1990. Der älteste Bruder ist schon länger hier, und anscheinend dem Berliner Schlagerradio in die Fänge geraten und hat seinen Brüdern dieses Lied beigebracht. Aber ich finde den Schlager in seiner Plumpheit auch irgendwie gut. Wenn die Brüder auftauchen, heb ich zu singen an:

»Verdammt ich lieb dich.«
    und sie antworten unisono:
»Ich lieb dich nicht!«
»Verdammt ich brauch dich!«
»Ich brauch dich nicht.«
»Verdammt ich will dich. Ich will dich nicht.
    Ich will dich nicht verlieren.«

Aber das Lied schafft es nicht, in den Seniorboy-Kanon aufgenommen zu werden. Ich überlasse die Textauswahl ihm, er ist der Chorleiter und hat seine eigenen Vorstellungen. Bei ›Auf der Mauer, auf der Lauer‹ will ich fast protestieren, es ist doch zu albern mit den erwachsenen Männern Kinderlieder einzuüben, aber dann macht es ihnen doch Spaß. Die Schadenfreude ist groß, wenn einer dann den eigentlich wegzulassenden Buchstaben mitsingt.

Wie so oft im Leben ist dann beim Auftritt alles anders als geplant. Während der ausgiebigen Gesangsstunden der letzten Wochen waren dann doch einige der Sänger abgesprungen, immerhin zwanzig sind aufgetaucht. Seniorboy war aufgeregt, hatte das Kapodaster vergessen, die Songs in der falschen Tonhöhe angefangen. Beim eigentlichen Auftritt kümmerte er sich zu sehr um das Publikum, die übliche

Kreuzberger Mischung aus Neo-Hippies, Rastas, Kindern, Punks, Hunden. Voller Lehrerstolz zeigte er auf den Chor und verkündete:

»Diese Männer waren vor einigen Wochen noch Analphabeten und haben in unserem Kurs Lesen und Schreiben gelernt.«

Ich und viele Anwesende zuckten zusammen und schämten sich bei dieser Ansage. Aber Seniorboy machte unerschüttert weiter und erklärte dem Publikum lang und breit das System von ›Auf der Mauer, auf der Lauer‹ und vergaß die zwanzig Sänger hinter ihm, die dann das wochenlang geprobte Repertoire gar nicht vollständig aufführen konnten. In der Aufregung wurde selbst das gefürchtete ›Der Mond sagt zur Sonne‹ vergessen. Auch nicht schlimm.

# Essen und Einkaufen: Guten Appetit!

✓ Kann Einkaufsdialoge führen.
✓ Kann über Lebensmittel sprechen, nach Preisen fragen.
✓ Kann sagen, was er / sie gerne isst und trinkt.
✓ Kann einen Text über Einkaufsgewohnheiten in Deutschland
  verstehen und über Essgewohnheiten im Heimatland sprechen.

Das Kapitel, das ich mir für diese Stunde vorgenommen habe, ist im Lehrwerk vorbildlich interkulturell gestaltet. Das heißt, die TN sind angehalten, bereits vertraute Redemittel anzuwenden, um zu erzählen, was man in ihrer Heimat so isst. Ich erfahre auch einiges. In Afghanistan isst man Palau, einen Eintopf mit Reis, Möhren und Rosinen, in Mali Reis mit Soße und Tiga Diga, einen Brei aus Maniok und grünen Kochbananen oder einen Brei aus Hirse und Mais, in Marokko Couscous. In Westafrika ist Fufu eine beliebte Speise, in Burkina Faso auch. Allerdings weiß man nicht immer, ob es stimmt, denn manche wiederholen das, was der Vorredner gesagt hat, um ihre Ruhe zu haben. Nachdem wir uns über unsere Nationalgerichte ausgetauscht haben, geht es weiter, und ich teile die Kopien aus. Auf dem ersten Blatt sind verschiedene Restaurants abgebildet, die Taverna Akropolis, die Pizzeria Vesuvio, der Hongkong-Imbiss.

»Welches Land ist das? Was isst man da?«, wird gefragt. Die Italiener und Griechen sind leicht zu identifizieren, beim Hongkong-Imbiss kommt Leben in die Bude.

»Aus welchem Land kommt dieses Restaurant?«

»China!«

»Und was isst man da?« Schweigen.

»Gato! Perro!«, ruft Javier aus Kolumbien in die Runde. Er übererfüllt das Klischee vom immer gutgelaunten Südamerikaner. Er lacht sehr viel, kichert ständig, ist aber auch sehr nett und hilfsbereit, und alle mögen ihn. Als schließlich alle verstanden haben, dass er meint, die Chinesen essen Hund und Katze, bricht große Heiterkeit aus, und auf einmal reden alle miteinander! Endlich benutzen mal die Syrer, Polen, Malier, Kameruner, die TN aus Burkina Faso, die Moldawier, Afghanen und Pakistaner die »Zielsprache« Deutsch, um sich untereinander zu verständigen. Allerdings nur, um sich über Chinesen lustig zu machen.

»Chinesen essen Skorpione«, verkündet der neue TN aus Afghanistan.

»Das glaube ich nicht«, sage ich.

»Doch! Die Chinesen in Afghanistan essen immer Skorpione.«

Alle wiehern vor Lachen. Nicht gerade nett und interkulturell den Chinesen gegenüber, zum Glück sind keine TN aus dem asiatischen Raum dabei. Ich mache ein offizielles Gesicht:

»Wenn ihr in Berlin in ein chinesisches Restaurant geht, bekommt ihr keine Katzen und Hunde und Skorpione. Da gibt es Essen mit Reis und Nasi Goreng, Dumplings und Peking-Ente.«

Der Neue macht immer weiter Witze, und große Heiterkeit macht sich breit, es scheint, als hätten wir einen neuen Klassenkasper. Seine Späße kommen prima an in der Runde, er spricht sehr gut Englisch. Ich rufe zur Beruhigung eine vorzeitige Pause aus, wir machen uns Tee und Kaffee. Ich unterhalte mich mit dem Neuen, lobe ihn für sein sehr gutes Englisch. Er wär ja auch Dolmetscher von Beruf, antwortet er freundlich. Er hat in Afghanistan drei Jahre für eine internationale Organisation gearbeitet – gilt nun aber als Spion und Verräter, er hat Morddrohungen bekommen, sie, ich nehme an die Taliban, wollen ihn umbringen, er ist geflohen. Seine Frau und sein Baby – an dieser Stelle treten ihm Tränen in die Augen – haben sich irgendwo bei Verwandten versteckt. So ist das manchmal, die Munteren, Lauten hat es schwerer getroffen als die Stillen. Ich versuche ihm ein bisschen Mut zu machen: Jetzt ist er erst mal hier in Sicherheit, und es ist erst mal gut. (Und das, obwohl ich eine Dokumentation über ähnliche Fälle gesehen habe, über Leute, die für Deutsche in Afghanistan gearbeitet haben und denen man Schutz versprochen hatte. Nach der Flucht in Deutschland angekommen, sollen sie abgeschoben werden. Es ging auch um einen Menschen von der Bundeswehr, der sich hier für seinen ehemaligen Dolmetscher einsetzt und versucht, ihn vor der Abschiebung zu retten). Dann die üblichen Lehrersprüche: Es ist gut, wenn er schnell Deutsch lernt, Leute, die viele Sprachen können, finden leichter einen Job usw. Das will er auch, sagt er, er findet unseren Unterricht sehr gut, wohnt aber sehr weit weg, in Lichtenberg, braucht eine Stunde für die einfache Strecke und hätte lieber etwas in der Nähe, und jeden Tag würde er gerne Deutsch lernen. Er kam noch zweimal, dann nie mehr. Ich denke, dass er schnell einen besseren Kurs gefunden hat.

Nach der Pause machen wir weiter im Stoff »Essen in Deutschland«.

Müsli ist ein schwieriges Wort, und um es auszusprechen,

macht man die Lippengymnastik von e zu ü vor. Das ist ein bisschen peinlich und befremdlich, aber wenn man es selbst unermüdlich vormacht, machen sie es brav nach. Das ü ist schließlich sehr wichtig im Deutschen: Müsli! Müller! Gemüse! Mülltrennung! Tschüs! Ich erzähle mal was von den Deutschen und was wir so essen:

»Viele Leute, die nach Deutschland kommen, nennen die Deutschen Kartoffel, weil sie so viele Kartoffeln essen!« Alle schweigen vornehm. Vielleicht verstehen sie es auch nicht? Ich bin mir manchmal nicht so sicher, ob sie mich nicht für total bescheuert halten. Es ist mir aber auch egal, ich muss mich im Unterricht ja auch selber bei Laune halten. Wenn alles immer ganz ernst wäre und ich nur in völlig korrektem und überdeutlichem Deutsch nach dem Lehrbuch verfahren würde, hätten wir alle weniger Spaß.

»Dabei kommen Kartoffeln gar nicht aus Deutschland, die kommen aus Südamerika«, fahre ich fort. Kopfschütteln, nicht mal Javier stimmt mir zu. Beim Lesen spricht einer Butter mit langem »u«: »Buuter«, und ich verbessere: »Butter! So wie Mutter«, und singe kurz den Refrain des Helge-Schneider-Lieds an: »Hast du eine Mutter, dann hast immer Butter!« Jetzt nicken sie und freuen sich sehr an meinem Gesang. Es ist wie auf der Bühne, man weiß nie genau, was so ankommt und was nicht.

Beim Thema »Getränke« und der Frage: »Was trinkst du gerne?« gibt es manchmal einen ganz Verwegenen, der stolz verkündet: »Ich trinke Bier!« Als ob es eine Mutprobe wäre. Dann komme ich mitunter gerne meinem nicht erteilten Integrationsauftrag nach – man muss die Neuankömmlinge ja so langsam mit unserer Ausgeh- und Alkoholkultur vertraut machen – und sage: »Ich trinke manchmal Wodka

Tonic!« Und blicke in schockierte Gesichter. Der junge Moldawier, der immer ein finsteres Gesicht macht und immer einen anderen Namen nennt, wenn man ihn in der Vorstellungsrunde fragt, bekommt einen irren Blick und fängt an rumzukrakeelen. Er dreht richtig durch und schreit:

»Nein, Wodka, no! Bäh! Iiii. No Wodka, no!!! No Wodka. Bäh! No, no!«

»Doch«, sage ich: »Ganz wenig Wodka, ganz viel Tonic. Warum nicht? Ein Glas – wenn ich mal ausgehe.«

»No, no Wodka«, ruft er! Ich versuche ihn zu beruhigen:

»Auf Deutsch sagt man: Ich mag keinen Wodka. Ich mag, du magst, er mag, sie mag, wir mögen, ihr mögt. Oder du sagst: Ich trinke keinen Wodka! (Akkusativ – der Wodka – ich mag keinen Wodka).«

Er schreit immer weiter: »Bäh No! Wodka! Iiii!«

Die Küchenpsychologin in mir erkennt sofort, dass diese starke Ablehnung mit einem vorhergegangenen negativen Wodkaerlebnis zu tun haben muss. War er selbst schon Alkoholiker gewesen? So wirkte er nicht. Aber vielleicht in einem schlimmen moldawischen Waisenhaus aufgewachsen, weil die Alkoholiker-Eltern sich nicht um ihn gekümmert haben? Aus dem Heim abgehauen und irgendwie in Berlin gelandet, gestrandet? Ich zügle meine Phantasie und mache ein offizielles Gesicht.

»Es ist ok, wenn du keinen Alkohol trinkst – aber es ist auch ok, wenn Leute Alkohol trinken. Das ist in Ordnung. Ich respektiere das. Wer Alkohol trinken will, soll trinken, nur nicht zu viel. Wer keinen trinken will, trinkt keinen. Das ist alles in Ordnung.«

Schweigen. Ich spüre immer schon an der Art des Schweigens, dass ein sensibler Punkt erreicht wurde. Bevor die Gesichter ganz unglücklich werden, gebe ich ihnen als Ausgeh-tipps »Redemittel« an die Hand, wie man in der DaZ-Sprache sagt.

»Wenn ihr irgendwo eingeladen seid, bei Bekannten oder auf einem Fest oder so, könnt ihr sagen: Nein danke, ich trinke keinen Alkohol.«

Sie nicken alle erleichtert und sprechen es nach. Dann soll ich es anschreiben, und alle kopieren es gewissenhaft in ihre Hefte:

»Nein danke, ich trinke keinen Alkohol.«

Die vielen Moslems unter den TN machen uns aber auch bewusst, in was für einer krassen Alkoholkultur wir leben. Wenn man sich überlegt, ob man die TN nicht einmal ein-laden will, zu einer Party oder einem Konzert, dann kommt das Alkoholproblem auf. Es wird so viel getrunken überall, passt das zusammen, werden sie sich da wohlfühlen? Oder eingeschüchtert und fremd in einer Ecke sitzen? Oder arg befremdet sein, wenn sie mich Alkohol trinken sehen? An-dererseits gehört das eben mit dazu, und sie müssen sich ja auch dran gewöhnen. Man muss sie vielleicht ein bisschen betreuen beim Ausgehen. Schließlich lade ich doch einmal Jamal und einen Freund aus Afghanistan in die Flittchenbar ein. Er kommt tatsächlich vom Rande der Stadt angefahren, und als ich ihn am Tresen frage, ob er etwas trinken will, macht er eine abwehrende Handbewegung und sagt: »Only Softdrinks.« Als er problemlos und ohne Nachfragen zwei Cola bekommt, zieht er sich erleichtert in eine Ecke des Clubs zurück. Das Programm gefällt ihm sehr gut, am besten fin-det er Teresa Caballo, einen jungen Musiker, der am Synthe-sizer Achtzigerjahre-Beats produziert und sich sehr schön dazu bewegt und queere, englische Lyrics singt. Ich gebe

Jamal auch noch den Tipp, dass bei dem Quiz ›Erkennen Sie die Melodie?‹ Whitney Houston und Madonna die Lösung ist und dass er dann die tollen Preise gewinnen kann, aber er kennt beide Sängerinnen nicht.

»Gibt es in Afghanistan auch Musikclubs?«, frage ich Jamal.

»Only traditional Afghan music.«

Das kann ich nicht glauben, dass er jetzt zum ersten Mal in seinem Leben auf einem Popkonzert war. Meine Recherchen ergeben, dass es trotz Taliban und allem eine afghanische Popmusikszene gibt. Aber Jamal ist ein ernsthafter, strebsamer junger Mann, er hat Ökonomie studiert und will in Deutschland gerne als Buchhalter arbeiten. Wahrscheinlich hatte er in Afghanistan einfach kein Interesse an Popmusik. Das gibt es ja auch.

Nach der großen Euphorie des Anfangs kamen erste Zweifel, jetzt die Ernüchterung: Was bringt das alles? Unser chaotischer Unterricht, jeden Tag andere TN, keine Bücher, verschiedene Lehrerinnen, die sich nicht untereinander absprechen. TN, die nie mehr auftauchen. Und jetzt auch die moldawischen Stressjugendlichen, die zwar immer auftauchen, aber eigentlich nicht mitmachen wollen.

Moldawische Stressjugendliche ist natürlich kein korrekter Begriff, man sagt ja auch nicht mehr verhaltensgestört, sondern verhaltenskreativ oder verhaltensoriginell. Der Begriff Problemjugendliche ist aber auch nicht in Ordnung, moldawische Problemjugendliche erst recht nicht. Es gibt keine Problemjugendlichen, egal woher sie kommen. Es gibt nur noch Problembären (Problembär Bruno, 2006 in Bayern erschossen). Es gibt den Problemstorch Ronny, der in Brandenburg auf sein Spiegelbild einhackt, wenn es auf Fensterscheiben und dunklen Autolacken erscheint. Es gibt Problembäder, wie das Kreuzberger Columbiabad, und Problembezirke, wie früher Kreuzberg (jetzt Neukölln). Dass Kompositum Problemjugendliche ist selbst ein Problemkompositum, weil es impliziert, dass Jugendliche per se Probleme mit sich bringen. Und der Begriff moldawische Problemjugendliche (MPJ) impliziert, dass es ständig Probleme mit Jugendlichen aus Moldawien gäbe. Das ist selbstverständlich nicht der Fall. Menschen und Jugendliche aus Moldawien sind in keinster Weise problematischer als Jugendliche und Menschen aus allen anderen Ländern. Das kann ich mit meiner bisher erworbenen Menschenkenntnis durchaus behaupten, obwohl ich bislang nur wenige moldawische Staatsbürger kennengelernt habe.

Nun gibt es aber drei junge Typen aus Moldawien im Kurs, die ein wenig verloren, verwegen und verroht auftreten, darin aber auch rätselhaft und ein bisschen schwierig sind. Sie legen diese typisch jugendliche Antihaltung an den Tag und spielen das »Lehrer-Schüler-Spiel«, in dem sie die Rolle der coolen Verweigerer spielen und der Kursleiterin die Deppinnenrolle zufällt. So spielen sie in der Pause Tischfußball und lassen sich mehrfach zum Reinkommen bitten. Wenn man sie nicht mehr bittet, verbringen sie die nächste Stunde im Flur, und man soll ihnen später alles noch mal erklären. Sie wollen auch nicht sagen, wie sie heißen, oder nennen immer andere Namen, deshalb der mehr oder weniger neutralere Begriff Stress- oder Problemjugendliche. Als einer der MPJ eines Morgens einen alten klapprigen Laptop mitbringt, dessen Lautsprecher aber leider erstaunlich gut funktionieren und der ganze Flur schon vor der Stunde mit nervigstem Schranztechno hallt, reicht es mir.

»Bitte, mach die Musik leiser!«, sage ich so freundlich, wie es geht.

»Ja, ja, fünf Minuten«, antwortet der MPJ beschwichtigend, blickt leicht genervt vom Rechner hoch, als störe ich ihn bei einer wichtigen Beschäftigung.

»Nein, sofort!«, antworte ich mit fester lauter Stimme, ohne zu lächeln, und wundere mich über meine autoritäre Art. Aber anders kommt man zu nix. Später haben die MPJ die Idee, über den Rechner während des Unterrichts Musik zu hören, was ich sofort unterbinden kann. Danach verstecken sie den Rechner unter dem Tisch und schauen sich Bilder an, ich lasse sie gewähren. Sie verhalten sich nicht besonders schlimm, wie so typische Jugendliche eben.

Aber meine Hilfsbereitschaft hat Grenzen, ich will meine Zeit nicht opfern, um mich mit typischen Jugendlichen rumzuschlagen. Ich finde sie auch nicht so interessant. Und ich hab keine Ausbildung, in der ich gelernt habe, wie man Jugendliche motiviert. Ich will es auch nicht lernen. Deshalb bin ich zunächst erleichtert, dass die Stressjugendlichen in der nächsten Woche nicht mehr auftauchen. Aber nach zwei Wochen ist der mit der Wodkaallergie wieder da. Baki nennt er sich jetzt. Er wirkt immer noch ein bisschen irr, oder wirr, aber auch ruhiger und trauriger. Wir sind grade mal wieder beim Thema Essen und Trinken:

»Was isst man bei euch zu Hause gern?«

Er zuckt teilnahmslos mit den Schultern und nuschelt etwas in sich hinein. Ari, der nette israelische Punk mit dem Iro, neben ihm, übersetzt.

»Kennst du das auch? Isst man das auch in Israel?«, frage ich ihn.

»Nein, nicht in Israel, mein Vater kommt aus Moldawien.«

Aber auch das kann dem traurigen Baki nur ein resigniertes Lächeln abgewinnen. In der Pause, in der er sich wie immer hinter der Holzbar im Flur einklemmt, fragt er mich, was der Unterschied zwischen ich *will* und ich *möchte* ist. Wir spielen kurz Bar, ich frage schüchtern nach einem Getränk, dass ich gerne *möchte*, und haue dann mit der Faust auf den Tresen, weil ich etwas trinken *will*. Baki ist einverstanden mit meiner Erklärung, ein bisschen Interesse an der Sprache ist doch da. Er kommt weiter regelmäßig zum Unterricht und rastet manchmal ohne Grund aus, einmal denkt er, eine Hospitantin hätte über ihn gelacht, und beschimpft sie wüst auf Russisch. Syrene, eine junge Frau aus Tunesien, sagt, es wäre unangenehm, neben ihm zu sitzen, sie geht auf größtmögliche Distanz. Es muss also etwas passieren. Es ist schlimm: Endlich kommt mal eine Frau in den Kurs, und dann gerät sie ausgerechnet an den MPJ. Außerdem habe ich ihn im Verdacht, dass er die afrikanischen TN nachmacht und etwas Beleidigendes sagt, wenn sie an der Reihe sind und unsicher versuchen, Deutsch zu lesen oder einen Satz auszusprechen. Ich weiß es aber nicht genau und will kein Riesendrama machen, bevor ich mir nicht sicher bin. Ich kann Baki aber auch nicht in der Pause zu einem Gespräch auf die Seite nehmen, weil er kaum ein Wort Deutsch, Englisch oder Französisch kann und ich nicht Russisch spreche. Ich suche Rat bei Seniorboy, der meint:

»Den würde ich sofort rausschmeißen.«

Aber ich glaube, noch nie wurde jemand aus unserem Kurs rausgeschmissen, und ich will nicht den Anfang machen. Bei der nächsten unguten Situation werde ich intervenieren, nehme ich mir vor. In der nächsten Stunde bilden wir zwei Gruppen, die Kollegin übernimmt die Anfänger, sie wiederholt die Zahlen und spricht über Ostern, das kurz bevorsteht. Ich versuche mit der Fortgeschrittenen-Gruppe am Nebentisch mit dem Dativ weiterzukommen und kriege nur das laute, leicht irre Lamentieren von Baki mit. Er weiß nicht, über was geredet wird, versteht nicht, was Ostern ist, wird immer lauter, rastet ein bisschen aus. Da mischt sich einer aus meiner Gruppe ein. Der ernste Tim aus Togo, redet mit dem aufgebrachten Baki Russisch, er erklärt ihm wohl, was Ostern ist. Der Moldawier beruhigt sich, ich staune:

»Tim! Du sprichst Russisch?«

»I lived in Ukraine for a while, when I was a child.«

Die Wege der Menschen sind unergründlich. Die Ukraine und Togo hätte ich vorher mit meinem eurozentrischen Weltbild nicht zusammengebracht.

Baki machte danach keine blöden Geräusche mehr, wenn einer der afrikanischen TN redete. Und auch er verschwand eines Tages und ward nie mehr gesehen.

# Arbeit und Beruf

✓ Kann über Beruf und Arbeit sprechen.
✓ Kann einen Termin vereinbaren.
✓ Kann von privaten und beruflichen Ereignissen in Gegenwart und Vergangenheit berichten.

Auch das Thema Beruf ist schwierig. Wer will nach dem Beruf gefragt werden, wenn er vielleicht keinen hat, wer über seine Arbeit sprechen, wenn er hier nicht arbeiten darf und nur den ganzen Tag in einem Heim rumhängt? Und Futur hatten wir noch nicht. Das kommt erst viel später, so weit werden wir im Anfängerkurs nie kommen. Wie also über Berufe sprechen?

»Was ist dein Traumberuf?«, könnte man fragen. »Welchen Beruf hast du, oder welchen Beruf hättest du gerne?« Manche der aufgezählten Berufe kenne ich gar nicht, es sind Managementberufe, Economist, Berater, Geschäftsmann, Businessman, Counsellor, Consulting. Sehr beliebt ist auch der Beruf des Fußballspielers, aber auch der Klempner, der Maschinenbauer, der Automechaniker sowie der Wrestling-Trainer werden genannt. Wie wenig manche Smartphone-Übersetzung bringt, merkt man, wenn der Finanzberater zum Gemeinderat wird. Das führt dann zu Abschweifungen in den Bereich der Kommunalverwaltung, und so erfahren die TN auch mal, dass in Deutschland der Gemeinderat einer Ortschaft gewählt wird und Gemeinderat nicht als Beruf erlernt werden kann. In den älteren Büchern werden in der Lektion Beruf noch der Bäcker und der Automechaniker als Beispiele aufgeführt. In den neueren Werken versucht man die zu Integrierenden mit dem Beruf des Hausmeisters, Altenpflegers und Tellerwäschers vertraut zu machen, eben die Berufe, die gerade gebraucht werden. Manchmal wird aber auch vorbildlich gegendert, dann kreist die Hubschrauberpilotin über der Stadt, in der die Kellner, Omnibusfahrerinnen, Lehrerinnen und Verkäufer ihrem Tagwerk nachgehen. Das Gute an Lektion 7 ist, dass endlich das Perfekt eingeführt wird. Endlich kann man mal über die Vergangenheit reden, nicht immer nur diese stumpfen Präsenssätze austauschen. Jetzt kann man fragen: Was hast du heute Morgen gegessen? Was hast du gestern Abend gemacht?

Im Dezember herrscht akuter TN-Mangel. Die syrischen TN sind weg, sie können jetzt offizielle Kurse machen, echte Integrationskurse, mit täglichem Unterricht, mit eigenen Büchern, Prüfungen und dem Zertifikat B1 am Ende. Es ist zwar schade, dass viele nicht mehr kommen, aber man muss sich für sie freuen. Unsere Kurse sind ja so niederschwellig, offen und unstrukturiert, dass sie immer nur der erste Kontakt mit der deutschen Sprache sein können. Als es im Dezember auch noch richtig kalt wird, finden von Tag zu Tag weniger Leute zu uns. An einem Wintermorgen genießt Blaise den Luxus, dass sich zwei Lehrerinnen um ihn kümmern. Meine Kollegin sagt: Es ist ein Luxus, aber was soll's, sie haben ja sonst keinen Luxus im Leben.

Ein Freund aus einer anderen Deutschkurs-Initiative erzählt, dass sich jetzt viele Träger, Firmen, Sprachschulen, Bildungsinstitutionen neu gründen, weil Geld vom BAMF bewilligt wurde. Die neuen Träger kämen in die Heime und suchten nach Kundschaft. Im Herbst 2015 hat die Agentur für Arbeit Gelder für Sprachkurse im Umfang von jeweils dreihundertzwanzig Stunden bewilligt, teilnehmen durften Menschen aus »sicheren Herkunftsländern«. Nicht nur zertifizierte Sprach- oder Volkshochschulen durften diese Kurse ausrichten, sondern auch andere Träger, zum Beispiel Fahrschulen, die bisher keine Erfahrung mit DaF/DaZ hatten. So konnte es vorkommen, dass ein Fahrschullehrer völlig unvorbereitet einen Kurs mit traumatisierten oder nicht alphabetisierten Geflüchteten übernommen hat. Besonders bitter für die Fachkräfte: Die Fachfremden werden besser bezahlt als studierte DaZ-Fachkräfte in Integrationskursen. Manche Geflüchtete, die zu den neuen Kursen gingen, kamen aber schnell wieder zurück zu den ehrenamtlichen Initiativen. Man würde in den neuen Kursen nichts lernen, sagten sie.

Wir sind kurz davor, den Kurs in die Winterferien zu schicken, da ist auf einmal wieder ein Schwung ganz neuer TN da. Ein Architekt aus Tunesien, ein französischer Computeranimateur, die Eventmanagerin aus Polen, der Kameramann aus Spanien, die Psychologin aus Marokko, der tanzende Kolumbianer und der Videokünstler aus den USA. Prekarisierte Künstler und Kreativschaffende aller Länder kommen zu unserem Deutschkurs. Die Kreativen sind aber frustriert. Nur der kolumbianische Tänzer versprüht Frohsinn und gute Laune. Der Architekt darf hier nicht arbeiten, die Psychologin schlägt sich mit Übersetzungen durch, Agnieska war in Polen Eventmanagerin, hat dort große Festivals organisiert und kriegt hier noch nicht mal einen Job als Kellnerin, weil ihr Deutsch nicht gut genug ist. Dabei ist es in den Innenstadtbezirken doch inzwischen normal, dass man auch als

Deutschsprachige auf Englisch bedient wird. Zum kreativen Zirkel kommen ab und zu noch ein paar »echte« Geflüchtete hinzu: Der Automechaniker aus Burkina Faso, der Bauarbeiter aus dem Irak, der klempnernde Lehrer aus Ghana und ein Programmierer aus Kamerun, der Altenpfleger werden möchte. Diese Mischung funktioniert eigentlich ganz gut. Die Geflüchteten profitieren von den »Kreativen«, es wird mal über andere Themen im Kurs gesprochen, es kommen andere Fragen auf, und die Leute helfen sich gegenseitig. Ein kleines Unbehagen bleibt aber. Könnten nicht einige aus der Kreativtruppe genauso gut einen günstigen Volkshochschulkurs belegen? Ich wollte doch kostenlosen Unterricht für Geflüchtete anbieten und nicht für prekäre Kreative! Als ein Däne aus Wilmersdorf per E-Mail anfragt, ob er bei unseren Kursen mitmachen kann, antworte ich gar nicht mehr. Später überlege ich, ob mein Pauschalurteil – Däne und wohnt in Wilmersdorf –, muss also wohlhabend sein –, richtig ist. Könnte es nicht auch ein Däne mit Migrationshintergrund sein, der in einer Notunterkunft in Wilmersdorf wohnt? Ist jetzt auch egal. Inzwischen haben sich die Kreativen und die Geflüchteten angefreundet. Es kam, was kommen musste: Agnieska schlägt vor, man könnte doch zusammen einen Film drehen. Das wäre doch total spannend, einen Doku-Film über unsere Klasse, mit diesen Menschen aus aller Welt, und der Videokünstler könnte die Kamera machen. Ich sage:

»Ja, ja tolle Idee«, und denke: »Um Gottes willen. Komme ich denn aus dieser Kreativszene nie mehr raus?« Immerhin reden jetzt alle Deutsch miteinander, der Videokünstler unterhält sich in der Pause gerne mit der tunesischen Psychologin und der polnischen Eventmanagerin. Aber frustriert sind die Kreativen trotzdem, das gehört halt zum kreativen Handwerk. Seltsamerweise ist die Stimmung bei den neuangekommenen Geflüchteten, die teilweise in Turnhallen leben, und bei den Afrikanern, die über Italien und Spanien eingereist sind, am besten. Die Neuangekommenen sind euphorisch, weil sie es geschafft haben, weil sie in Deutschland sind. Sie denken noch, Deutschland sei ein hocheffizientes Land, in dem alles reibungslos funktioniere, in dem es keine Korruption gäbe, sie ahnen noch nichts von den Problemen, den Ungerechtigkeiten und dem Behördenchaos. Die westafrikanischen TN sind da abgeklärter, sie scheinen resigniert, aber guter Dinge – sie sind sowieso auf der »Flüchtlingswertschätzungsskala« ganz unten –, aber haben so einen trotzigen Stolz und Undergroundcharme, mit diesen Widrigkeiten umzugehen. Bei den syrischen TN aus der Mittelklasse ist eine große Euphorie und gleichzeitig ein großer Druck da: Sie wollen hier so schnell wie möglich arbeiten, eine Wohnung, ihre Ruhe finden.

In einer Talkshow gab Innenminister de Maizière eine Einschätzung seiner Top Ten der leicht zu Integrierenden. Ganz oben waren Menschen aus der Türkei, dann die aus Syrien, ganz am Schluss, weil sehr schwer integrierbar, die Leute aus Nordafrika. So, wie er es vortrug, schien die Integrationswilligkeit eine quasi angeborene, nationale Eigenschaft zu sein. Dabei kann man anhand dieser Liste sehr gut ableiten, dass sich am besten integriert, wer überhaupt die Möglichkeit dazu bekommt. Türkische Menschen, die hier arbeiten können, integrieren sich am besten, syrische Menschen, die in den meisten Fällen eine Aufenthaltserlaubnis und Sprachkurse bekommen, stehen an zweiter Stelle. Und Menschen aus Nordafrika, denen man keine Bleibeperspektive bietet, da sie aus vermeintlich sicheren Herkunftsländern kommen und deren individuelle Fluchtgründe meistens nicht anerkannt werden, die integrieren sich folglich am schlechtesten.

Beim nächsten Plenum besprechen wir den TN-Mangel und beschließen einstimmig: Wir müssen Werbung machen! Auf den Seiten des Netzwerks wird gepostet, dass wir noch Leute aufnehmen. Ob diese Werbemaßnahmen überhaupt angelaufen sind und gefruchtet haben, weiß man nicht – aber bald ist die Bude wieder voll. Jetzt kommen sehr viele Leute aus Afghanistan, darunter auch viele, die das lateinische Alphabet nicht kennen. Sogar Syrer und Syrerinnen kommen wieder, es ist nämlich doch nicht so, dass alle Leute aus Syrien automatisch einen Integrationskurs besuchen dürfen. Und Leuten aus Moldawien, Afghanistan, Pakistan, Mali, Kamerun oder Burkina Faso steht sowieso keiner zu. Dem Lehrer aus Mali, der Klempner werden will, erzähle ich von einem Verein, der Praktika an Geflüchtete vermittelt. Die können zwei Wochen lang ein Handwerk ausprobieren, bekommen kein Geld, aber vielleicht ergibt sich später etwas daraus. Ich erkläre es auf Deutsch und in meinem brüchigen Kinder-Französisch:
»Tu peut faire une stage, pas d'argent, mais peut-être contacts, connection, relation?!«
Er lächelt und nickt, aber man weiß ja nie, ob man verstanden wurde. Ich muss wahrscheinlich mehr Informationen einholen oder vielleicht mal mit ihm hingehen, ich schaue mir die Webseite an, nehme mir vor, einen Termin zu machen, aber in den nächsten Wochen sehe ich ihn nicht mehr im Kurs. Andere verabschieden sich, sie müssen nach

Italien, Papiere abstempeln lassen. Antoine aus Kamerun hat auch keine gute »Bleibeperspektive«, doch eine Kollegin hat ihn an die Diakonie vermittelt, und hier kann er zuerst ein Praktikum mit Sprachkurs machen und dann eine Ausbildung zum Altenpfleger. Aber die Leute von der Diakonie haben ihm gesagt, sie können sich nicht bei allen Auszubildenden um die Aufenthaltsgenehmigungen kümmern. Und jetzt steht er nach der Stunde vor mir und sucht Rat oder Hoffnung, und ich weiß nicht, was ich sagen soll. Dass es seine Chancen hierzubleiben bestimmt verbessert, wenn er die Ausbildung hat? Dass Altenpfleger hier doch gesucht werden. Dass er das jetzt einfach mal machen soll. Dass er wegen der Aufenthaltserlaubnis zu einer Rechtsberatung gehen soll. Dass es Rechtsanwälte gibt, die ihm helfen können. O je. Wie kann man da Optimismus verbreiten, wenn die Lage doch so aussichtslos ist? Die Afghanen aus dem Vorkurs, die sogenannten Zweitschriftlerner, kommen mit einem amtlichen Schreiben zu mir. Das Verfahren nach Dublin sei für Herrn XY ausgesetzt, steht da. Was bedeutet das? Ich weiß, was das Dublinverfahren bedeutet, Leute, die über einen sicheren Drittstaat eingereist sind, können hier kein Asyl beantragen. Also das Verfahren ist ausgesetzt, heißt, sie können hier doch Asyl beantragen? Und wenn ich es nicht verstehe, wie soll es denn der betroffene Vorkursler verstehen? Zum Glück gibt es eine kostenlose Rechtsberatung ganz in unserer Nähe, zu der man die Leute mit ihren unverständlichen Papieren schicken kann. Jamal soll dem Vorkurs mal auf Dari erklären, wie sie dahinkommen.

Bei all der Heiterkeit, die in den Stunden herrscht, solche Situationen sind schwierig und belastend. Wie kann man ihnen denn helfen? Warum sind sie alle hergekommen? Was für eine Frage. Warum man aus Afghanistan und Syrien flieht, kann man jeden Abend in den Nachrichten sehen. Über Länder wie Eritrea, Togo, Mali, und den Sudan wird weniger berichtet, wenn man ein bisschen googelt, weiß man Bescheid, warum die Leute da wegwollen. Überall Krieg und Elend und Armut.

Die Welt ist plötzlich größer geworden, man schaut nach. Wo liegt Mali genau, was war da los im Norden? Warum kommen jetzt grade viele Eriträer? Und was passiert im Südsudan?

## PI EN DIE

Nach dem Unterricht steht Ahmed aus Syrien immer noch gerne bei den Lehrerinnen rum und erzählt ohne Punkt und Komma. Ich wische schon mal die Tafel und packe meine Sachen zusammen, als die Kollegin fragt:

»Sag mal, weißt du, was das heißen soll, Piendi?«

Ahmed redet immer vom Piendi, dass er da hingehen und arbeiten will.

»Ahmed, wo willst du arbeiten?«

»PI EN DIE!«, ruft Ahmed. »In Berlin – PI EN DIE! It's like SI EI EY!«

»Like CIA?«

»O Gott«, sage ich zu Rieke, »ich glaube, er meint den BND, den Bundesnachrichtendienst.«

»Ahmed, you want to be a spy for Germany?«

»Yes!« Hocherfreut, weil wir ihn endlich verstehen, schildert er uns den Plan. Der BND sucht Leute wie ihn, die Arabisch, Englisch und bald auch Deutsch reden! Es ist ein toller

Job, sie zahlen gut! Wir sind sprachlos. Das haben wir linken Kreuzbergerinnen, a priori kritisch gegen Polizei, Nachrichtendienste, den Staat und seine Institutionen eingestellt, jetzt davon. Geben in unserer Freizeit in einem linken Hausprojekt Unterricht für Geflüchtete, um ihnen eine Stimme zu geben, um dem herrschenden System, der Abschiebepraxis etwas entgegenzusetzen und dieser achtzehnjährige Syrer will so gar nicht das revolutionäre Subjekt, die Hebelbewegung, mit dem das System gecrasht wird, sein, sondern zum Feind – zum BND – überlaufen als Spitzel. Aber wir müssen auch lachen und nehmen ihn ganz maternalistisch in die Zange und bearbeiten ihn von beiden Seiten:

»Geh du mal weiter zum Deutschkurs und danach zur Schule, dann kannst du Abitur machen und studieren, und das mit dem BND lässt du schön bleiben!«

Nachts träume ich von Ahmed, wie er, plötzlich so ganz geschniegelt in der neuen BND-Stadt in der Berliner Chausseestraße mit einem Aktenkoffer herumläuft und den Eingang nicht findet. Ein sehr sinnfälliger Traum. Ich denke sowieso oft an unsere TN, nachts, wenn ich nicht schlafen kann. Nicht so sehr an sie persönlich, eher an etwas Lustiges, was im Unterricht passiert ist, oder ich grüble an einem grammatischen Problem rum, wie ich es besser erklären und begreiflich machen kann.

In den Zeitungen, im Fernsehen, im Internet ist alles voll von Fluchtgeschichten – gefährliche Überfahrten, die Toten im Mittelmeer, auseinandergerissene Familien –, ich kann es nicht mehr lesen. Ich kenne die Fluchtgeschichten meiner TN nicht, sie wollen sie auch nicht erzählen. In einer unausgesprochenen Übereinkunft blenden wir das Thema im Deutschunterricht weitestgehend aus. Wir spielen Schule.

Ich spiele Lehrerin, und die anderen spielen Deutschstudenten. Sie haben manchmal so einen feierlichen Gesichtsausdruck, wenn sie in den Unterrichtsraum kommen, es ist ein ernstes, schönes Spiel. Es zählt nur die Gegenwart. Mit dem Perfekt haben wir heute das erst Mal angefangen, Zukunft machen wir später, und in einigen Wochen sind die TN wieder ganz andere.

## Die Kollegen und Kolleginnen

Die TN kommen und gehen, aber das Team zeigt Kontinuität, manche sind seit drei Jahren in der Initiative. Nun habe ich also zum ersten Mal seit Jahrzehnten echte Kollegen, denn Bandkollegen sind ja keine Kollegen im strengeren Sinne, es sind Freunde und Freundinnen, mit denen man auch Freizeit verbringt, auf Konzerte geht, auf Tour geht, trinken geht. Die neuen Kolleginnen sehe ich vor und nach dem Unterricht, manche nur beim Teamtreffen und bei den Ausflügen. Als ich anfing, waren wir über fünfzehn, die Schar schrumpfte auf einen festen Stamm, das Fähnlein der sieben Aufrechten zusammen. Es sind aktive und pensionierte Lehrerinnen und Lehrer, Künstlerinnen, Kreuzbergerinnen, Politaktivistinnen, DaF-Anwärter. Manche waren mir gleich sympathisch, manche weniger, aber letztendlich muss man mit allen zurechtkommen. Auch wenn die Leute mir zwischendurch aus verschiedensten Gründen mal auf die Nerven gehen, sehe ich doch, dass wir sie in unserer Gruppe brauchen. Wahrscheinlich gibt es bei jeder Deutsch-Initiative, in jeder Schule die gleichen Archetypen.

Bei einem Kreuzberger Projekt gibt es selbstverständlich:

Die Kreuzbergerinnen: Freundlich, ein bisschen verschlafen, relaxt und erztolerant. Nachsichtig, immer bereit zum Perspektivenwechsel. Immer den Imperialismus, Postkolonialismus und unseren systemimmanenten Rassismus mitdenkend, dabei aber nicht ideologisch verbiestert, sondern im Innersten sehr menschenfreundlich. Unerschütterlich und ohne Furcht sind sie gestärkt durch das Stahlbad der Berliner Kinderläden und Jugendeinrichtungen gegangen. Selbst bei den seltsamsten Ansinnen unserer TN überlegen die Kreuzbergerinnen in alle Richtungen und bleiben gelassen und freundlich. Als eines Morgens ein junger Iraker dringend mit mir reden will, sie hätten ihn aus der Wohnung geworfen, er hätte nicht geschlafen, will ich ihn an eine der Kreuzbergerinnen weiterverweisen. Denn die wissen immer, wen man anrufen kann, wo es Notübernachtungen oder sonstige Hilfe für Geflüchtete gibt. Aber bald lässt die Kollegin den übernächtigten Hilfesuchenden auch stehen und kommt mit besorgter Miene zu mir. Der Iraker will nämlich, dass wir bei seiner deutschen Freundin anrufen und mit ihr reden. Weil sie ihn heute Nacht rausgeschmissen hat, aus der Wohnung. Meine erste Reaktion ist: Wir können die doch nicht anrufen, wir kennen die Frau doch gar nicht. Außerdem: Sie wird schon gewusst haben, warum sie ihn rausschmeißt. In so Pärchenstreitigkeiten mischen wir uns lieber nicht ein. Wie kommt er überhaupt dazu, uns zu fragen? Wir sind doch Lehrerinnen. Die Kollegin ist ganz meiner Meinung, nimmt aber vorbildlich interkulturell den Perspektivenwechsel vor und gibt zu bedenken:

»Na ja, in manchen Kulturen sind ja Lehrer auch Streitschlichter und Vermittler, und vielleicht hat er sich deshalb an uns gewandt ...«

Es gibt auch den Typus Globetrotter, den schätzte ich zuerst als gutmütigen, nicht unwitzigen Typen ein. Er war zu Wasser, in der Luft, mit Motorrad und zu Fuß in der ganzen Welt unterwegs, denkt aber deshalb, er könne seine Fremdsprachen-Lernerfahrung auf die TN übertragen. Er neigt zur Selbstherrlichkeit, ist aber vor allem bei den jungen Männern sehr beliebt. Für sie ist er so was wie ein Kumpeltyp, ein gutmütiger, väterlicher Freund. Junge Machos lassen sich halt am liebsten was von alten Machos beibringen.

Das Leiden Christi wiederum schleppt sich drei Mal die Woche mit schmerzverzerrtem Gesicht in den Unterricht, kommt trotz Rückenschmerzen, Angina und Fieber, unterrichtet mit Leichenbittermiene, ist aber gleichzeitig immer beleidigt, weil keiner seine übergroße Opferbereitschaft so richtig anerkennt und ausdauernd lobt. Alle glauben, eine Pause wäre mal gut für ihn, gegen den Burn-out und die Brummeligkeit. Aber ehrenamtliche Helfer kann man nicht bevormunden, und auch nicht rausschmeißen, oder in den Urlaub schicken, man kann ihnen nur aus dem Weg gehen.

Die »aktiven« Lehrerinnen sind pragmatisch, und neben den anderen Akteuren schätzt man ihre ruhige Art. Sie geben sich Mühe, planen alles durch und lassen sich dann doch ein bisschen vom kursimmanenten Chaos anstecken. Aber Regeln und Ordnung haben sie im Schuldienst ja genug.

Die Älteren, die Pensionisten, sind so, wie man sich Leute im Schuldienst gemeinhin vorstellt: Sie wissen alles besser, vom Umgang mit den TN, der deutschen Grammatik, von Methodik und Didaktik bis hin zu den Vor- und Nachteilen der Tafelputzmethoden (trocken / nass). Bei meiner Zusatzausbildung erzählten später viele Kommilitoninnen von ihren Erfahrungen in Deutschkurs-Initiativen in den Wohnheimen. Sie berichteten von furchtbar engstirnigen, besserwisserischen Deutschlehrern, die, froh der Pensionistenlangeweile entronnen, nun in den Unterkünften zugange sind. Sie haben in der Mittelstufe und im Gymnasium Deutsch unterrichtet und sich nie mit Deutsch als Fremdsprache befasst, quälen und verunsichern ihre lernwilligen TN schon in den ersten Stunden mit Grammatiktabellen und halten nichts von den neueren Methoden, bevormunden die jüngeren Ehrenamtlichen ohne Schuldienst-Background.

Da haben wir mit unseren Pensionisten Glück gehabt: Hilde kommt einmal die Woche von Zehlendorf nach Kreuzberg gefahren, zieht ihren Unterricht durch und mischt sich nicht groß ein. Unser Seniorboy, ein agiler Achtundsiebzigjähriger, kann überaus reizend sein, ist aber auch sehr, sehr hartnäckig. Er hat schon auf verschiedenen Kontinenten Schulkinder und zehn Jahre lang in Berliner Integrationskursen unterrichtet, sein Unterricht ist aber nicht gerade dem modernen Modell verpflichtet. Ich habe ihn insgeheim im Verdacht, dass er nach der alten Grammatik-Übersetzungs-Methode vorgeht und nichts vom kommunikativen, handlungsorientierten Ansatz hält. In diesem werden nämlich nicht Grammatikstrukturen eingeübt, sondern die sprachliche Handlung und der Weg dorthin stehen im Mittelpunkt und führen zum freien Anwenden der Sprache. Auch die

Grammatik ist handlungsorientiert. Das heißt, man legt den Schwerpunkt auf eine elementare Mitteilungsgrammatik, damit die TN schnell kommunikationsfähig werden. Man lässt also keine Tabellen auswendig lernen, sondern gibt handlungsorientierte Aufgaben in dialogischer Form. Bei Seniorboy hingegen wird eine grammatische Struktur präsentiert, dann eingeübt und danach angewendet. Wobei er auch freimütig zugibt, dass er mit seinen Unterrichtsmethoden manchmal scheitert. Als er einmal die Vertretung im Anfängerkurs übernahm, legte er den TN, die gerade erste Dreiwortsätze sprechen konnten, die Kurzgeschichte ›Der junge Brecht‹ vor. Dass dieser ehrgeizige Plan dann scheiterte, berichtete er schuldbewusst und ein bisschen verwundert, aber detailliert im Mailprotokoll.

Aber bei Senioren läuft man Gefahr, sie nach den Gesetzen des umgekehrten Kindchenschemas so süß wie Hundewelpen zu finden und ihnen alles zu verzeihen. Aber es gibt nicht viel zu verzeihen, außer der ein oder anderen sehr ausführlichen, acht Meter langen Mail oder dem störrischen Beharren auf seinen Tagesordnungspunkten beim Teamtreffen. Widerspruch stört ihn nicht, Seniorboy ist konflikterprobt, wenn er sich etwas in den Kopf gesetzt hat, lässt er nicht locker. Das nervt manchmal, aber wenn man ihn so sieht, fast achtzig, aber drahtig und beweglich wie ein junger Spund, bei Wind und Wetter unterwegs mit Fahrrad, Sturzhelm, Aktentasche und Wandergitarre auf den Rücken geschnallt – zwar immer lehrerhaft, aber doch immer freundlich interessiert –, was kann man da noch sagen? Er hat wie alle »echten« Lehrer ein Faible für die guten, sprachbegabten TN, deshalb macht er am liebsten den Fortgeschrittenenkurs. Political Correctness ist ihm fremd, was manchmal wohltuend ist, manchmal aber auch richtig weh tut.

Dann gibt es noch die Politaktivistinnen. Sie haben es immer eilig, sind immer auf dem Sprung, zur Druckerei, zu einem anderen Plenum, zum Aktivistinnentreffen, zur Demovorbereitung, zu anderen Projekten. Manchmal denke ich, die TN und wir anderen Lehrerinnen sind ihnen zu normal, zu Mainstream, zu wenig politisch.

Die Optimistinnen sind alle sehr nette, fröhliche Dreißigplus-Frauen, sie sehen immer das Positive in allem, loben alles und jeden und finden es toll, dass wir so eine tolle Gruppe sind. Sie sprechen lieber über Erfolge, statt über Konflikte und Probleme und sehen immer optimistisch in die Zukunft.

Manche sieht man vor und nach dem Unterricht, andere kennt man kaum, man sieht sie nur alle paar Wochen mal beim Teamtreffen und bei den Ausflügen. Obwohl ich mich eigentlich als Kind schon links gefühlt habe, hatte ich mit linken Gruppen und ihren Entscheidungsfindungsprozessen, also mit der gefürchteten Plena-Kultur, wenig Erfahrung. Das Plenum des Elterninitiativkinderladens lief immer ganz gemütlich ab, man traf sich, saß auf den kleinen Stühlen, die Erzieherinnen erzählten was. Man überlegte zusammen:
»Was machen wir mit dem Schwarzgeld vom Senat?«
»Ok, für die Kinderreise.«
»Wohin? Wer kommt mit?«
»Renovieren müsste man mal wieder. Wer hat Zeit?« usw.
Unsere Schlagzeugerin Britta, die jahrelang beim Kinder-

bauernhof am Kreuzberger Mauerplatz gearbeitet hatte, und die die Arbeit, die Tiere und ihre Kollegen sehr mochte, war immer schon Tage vorher verzweifelt, wenn ein Plenum anstand. Sie erzählte von früher, von der Zeit, als sie mit Ton Steine Scherben auf dem Bauernhof in Fresenhagen wohnte und von Plena aus jener Zeit, die ewig gingen, weil nicht abgestimmt und niemand überstimmt wurde, sondern geredet wurde, bis alle einer Meinung waren oder erschöpft einwilligten. Die Teamtreffen bei unserem Deutschkurs überraschten mich zuerst wegen ihrer streng formellen Art. Zuerst werden Punkte gesammelt, dann werden Leute für die Moderation und das Protokoll bestimmt. Eine weitere Person führt Buch über die Reihenfolge der Wortmeldungen und erteilt das Wort. Alles ist streng durchgeplant und viel weniger hedonistisch, verquatscht und schwärmerisch als Musikerinnenbesprechungen in Bars. Beim Thema Trinkfreude und Sozialverhalten liegen halt die Musiker doch weit vorne, und die Lehrer und DaZ-Leute abgeschlagen auf den hinteren Plätzen.

**Lehren lernen**

Meinem eigenen Berufsziel der Integration der prekären Künstlerin in die normale Arbeitswelt mit DaZ-Hilfe komme ich nur langsam näher. Meine Recherchen hatten ergeben, dass ich, weil ich zwar Germanistik, aber nicht DaF/DaZ studiert habe, einen Kurs namens ›unverkürzte Zusatzausbildung‹ machen muss. Der dauert vier Wochen und kostet tausend Euro. Es gibt jedoch Bildungsgutscheine für prekäre Leute wie mich, die nicht allzu viel verdienen. Diese Bildungsgutscheine bekommt man allerdings nur für Kurse, die weniger als tausend Euro kosten. Bei einer Beratungsstelle schlägt man vor, ich solle mich arbeitslos melden, dann könnte der / die zuständige Sachbearbeiter/in eventuell die Bezahlung dieser Schulung für mich beantragen. Aus einem untrüglichen Instinkt heraus hatte ich während meines bisherigen Lebens den Kontakt zu Arbeitsamt und Jobcenter zwar konsequent vermieden, aber für die unverkürzte Tausend-Euro-Zusatzausbildung überwinde ich mich schließlich. Der Versuch der Kontaktaufnahme wegen einer Beratung beim Arbeitsamt scheitert. Unter der Nummer, die man mir gegeben hat, ist man nicht zuständig. Aber bald darauf erhalte ich einen scharf formulierten Brief: Wenn ich mich binnen zweier Wochen nicht melde, kürze man meine Bezüge. Ich war niemals arbeitslos gemeldet, Bezüge bekomme ich überhaupt keine, was das Arbeitsamt nicht daran hindert, mir die nicht erhaltenen Bezüge kürzen zu wollen. Der Brief bestärkt mich in dem heiligen Vorsatz, auch in Zukunft, solange es geht, einen großen Bogen um diese Institutionen zu machen, die einen in den Wahnsinn treiben können. Das Tausend-Euro-Problem löst sich zum Glück auch ohne Arbeitsamt. Weil im Herbst 2015 langsam klarwird, dass immer mehr Lehrerinnen und Lehrer gebraucht werden, ändert das BAMF ständig die Zugangsvoraussetzungen zur Erteilung von Integrationskursen. Als Germanistin muss ich jetzt nur noch den »verkürzten« Kurs für sechshundert Euro absolvieren, und die Hälfte davon kann ich mit dem Bildungsgutschein bezahlen. Es geht voran!, sagt die späte Karrieristin in mir. Jetzt nur noch die Zusatzausbildung, dann kommt die BAMF-Zulassung, ich darf in Integrationskursen unterrichten, und die Zukunft ist geritzt.

Die Zusatzausbildung beginnt im grauen Monat November. Es fällt mir schwer, meinen Unterricht mit den Geflüchteten für zwei Wochen aufzugeben. Wer weiß, ob ich meine TN je wiedersehe. Außerdem kommen mir Zweifel, ob es wirklich mein Traumjob ist, in Integrationskursen zu unterrichten. So nett wie bei unserem Freiwilligenkurs wird es bestimmt nicht werden. Im Integrationskurs muss man ja in einem Dreivierteljahr den ganzen Stoff von A1.1 bis B1 durchpeitschen, da ist bestimmt keine Zeit mehr zum Quatsch machen und Lieder singen. Andererseits: Ich hab keine Lust mehr, mich nur noch auf mein Einkommen als Autorin und Musikerin zu verlassen – ich brauche einen Job. Das Unterrichten macht mir Spaß – also warum nicht dafür bezahlt werden?

In der Sprachschule ist alles ein bisschen wie früher an der Uni. Ich fahre morgens in der überfüllten U-Bahn hin und fühle mich dabei bereits der Masse der Werktätigen zugehörig. Es ist Winter, die Räume sind überheizt, es wird früh dunkel, man kämpft mit der Müdigkeit und stürzt in jeder Pause zum Späti oder zur Bäckerei, um Kaffee zu holen.

Neben mir sitzt Fahid aus dem Iran, und da alles eingeübt wird, was die zukünftigen Kursleiter später dann in ihrem Unterricht einsetzen sollen – Basteln, Spielen, Gruppen- und Partnerarbeit –, sollen wir uns zuerst gegen-seitig interviewen und anschließend unsere Partner dem Kurs vorstellen. Diesen Klassiker der Paararbeit nennt die Didaktik ›Partner-Interview‹. Fahid hat, wie ich, an der Berliner Freien Universität Germanistik studiert. Er hat über Heavy Metal und die deutsche Romantik promoviert und findet nun keinen adäquaten Job, weil er Iraner ist, glaubt er. Im Moment betreut er UMFs in einer Jugendherberge. Wir sprechen weniger – wie es die Aufgabe eigentlich verlangt – über unsere Lernerfahrungen als über Heavy Metal und die deutsche Romantik. Ich erzähle, dass ich Musikerin bin und schreibe, nun aber auch noch einen Brotjob suche. Und dass ich, weil mir die Deutschstunden mit den Geflüchteten so viel Spaß machen, daraus einen Beruf machen will. Unsere gegenseitige Vorstellung lief dann in etwa so ab:

Ich so: Neben mir sitzt Fahid aus dem Iran, interessante Doktorarbeit, betreut im Moment UMFs, will sich weiterqualifizieren.

Er so: Christiane hat irgendwann mal was studiert, dann dies und das gemacht, bisschen Musik – hat alles nichts gebracht, braucht jetzt Geld.

Meine Gefühle gegenüber Fahid waren nach dieser Konversation nicht mehr ganz so freundschaftlich-kollegial. Anna, eine Freundin aus der Verlagsbranche, der ich abends empört alles erzähle, meint nur, ich hätte, typisch weiblich, meine Fähigkeiten untertrieben, mich unter Wert verkauft und dass der Vorfall ein gutes Beispiel dafür sei, dass Understatement einfach nichts bringe. Obwohl ich mich danach Fahid gegenüber recht distanziert zeige, wurde ich ihn nicht los. Er saß ja neben mir und war damit mein Partner. Wir mussten ständig zusammen Plakate basteln, Mindmaps erarbeiten und unsere Ergebnisse im Plenum vorstellen. Während der Partnerarbeiten war er recht passiv und hielt sich beim Ideen einbringen dezent im Hintergrund. Aber wenn wir dann unsere Ergebnisse vorstellen sollten, ergriff er sofort das Wort und präsentierte selbstbewusst die Resultate. Auch das, meinte Anna, sei weitverbreitetes männliches Dominanzverhalten, wie es im Berufsleben oft vorkomme, in jeder Firma, in jeder Abteilung. Zum endgültigen Zerwürfnis kam es dann bei der Arbeitsgruppe ›Lehrwerkanalyse‹. Es ging um starke Verben – die ich als unregelmäßige Verben bezeichnete. Nein, verbesserte mich Fahid ungehalten, das sind starke Verben. Ich glaube, wir meinen dasselbe, erwiderte ich in versöhnlichem Tonfall, starke Verben sind unregelmäßige, schwache Verben sind regelmäßige.

»Nein, auf keinen Fall«, ereiferte er sich. »Ich habe vor sechs Jahren mein Studium mit Promotion abgeschlossen – du bist nur Magister, und mein Stand ist aktueller als deiner.«

Ich gab mich ungerührt und nicht überzeugt, so dass er unseren Basteltisch verließ und zur Dozentin ging, um die höhere Instanz zu befragen. Triumphierend kam er zurück:

»Ich hatte recht! Das sind starke Verben!«

»Aber auch unregelmäßige«, erwiderte ich, denn stur sein kann ich auch. Fahid sprang so abrupt auf, dass der Stuhl laut quietschte, die Dozentin kam an unseren Tisch und erklärte beschwichtigend, dies sei eine alte Diskussion in der Linguistik. Starke Verben nenne man stark, weil sie den Vokal wechseln. Die eine Schule bezeichne sie als starke, die andere als unregelmäßige Verben. Aber für den normalen Schul- und Kursgebrauch könne man selbstverständlich beide Termini gebrauchen: stark *und* unregelmäßig. »Na also«, sagte ich, einmal mehr um Versöhnung bemüht, zu Fahid. »Dann hatten wir also beide recht.« »Nein«, sagte er – zum Glück war die Bastelstunde da zu Ende.

Am nächsten Tag hatte der anscheinend zutiefst Gekränkte einen leeren Stuhl zwischen unsere Plätze gestellt. Das war mir gar nicht unrecht, obgleich es mir angesichts unseres fortgeschrittenen Alters auch albern schien. Aber eine nette Kommilitonin setzte sich auf den freien Platz. Sie war vorher zwischen Fahid und einem fahrradfahrenden Friedrichshainer Hundebesitzer der Kategorie »linker Macker« eingeklemmt gewesen und rückte gerne neben mich. Der Friedrichshainer hatte ihr beim ersten Gespräch – die promovierte Germanistin hatte genug vom freien Journalismus und suchte ein neues Betätigungsfeld – geraten, sich doch »ein Kind machen zu lassen«, denn schließlich sei sie schon siebenunddreißig – und so war auch deren banknachbarschaftliches Verhältnis von Anfang an merklich belastet. Im Unterricht nervte der Friedrichshainer alle, weil er arg dominant agierte und seine herrlich verrückte Unangepasstheit und seinen unbezähmbaren Freigeist ständig durch dämlich absurde Fragen statuieren musste. Außerdem trug er zu jedem passenden und unpassenden Thema seine selbstverfassten Schüttelreime vor. Die Internet-Hassrecherchen meiner neuen Banknachbarin ergaben, dass er aus einer DDR-Schriftstellerfamilie stammte. Wir überlegten kurz, ob ihm das mildernde Umstände einbringen könnte, aber die Kollegin, selbst mit ostdeutschem Migrationshintergrund, lehnte dies strikt ab.

Am Ende der Zusatzausbildung wurde von den Teilnehmern die selbständige Ausarbeitung eines sogenannten Portfolios – Feinplanung einer Unterrichtsstunde und Lehrwerkanalyse – verlangt. Diese Aufgabe überforderte alle ein bisschen, war aber die Voraussetzung für das Zertifikat. Am letzten Kurstag suchte Fahid ganz plötzlich wieder unsere Nähe, wollte dringend in Kontakt bleiben und eine Arbeitsgruppe bilden, aber wir ließen ihn eiskalt abblitzen. Es war nicht wie früher an der Uni, es war wie in der Schule.

Die Gegenstände des DaZ können bei so einer Zusatzausbildung nur angerissen werden, aber ich erfahre von Dingen, von denen ich nie zuvor gehört hatte. Von Vorentlastung und Binnendifferenzierung, von der Wunderwelt der Phonetik mit ihren Segmentalen und Suprasegmentalen, von der Auslautverhärtung und den fortis explosiven (Laute wie p, t oder k), die man stark behauchen sollte. Das alles fand ich interessant, aber als es an die sogenannte Feinplanung ging, sanken Lebensgeister und Stimmung Richtung Nullpunkt. In einer Feinplanung muss eine Unterrichtsstunde streng formal im Zwei- bis Fünfminutentakt durchgeplant werden. In einer Tabelle werden Lerninhalte, Lernziele und Lernmittel eingetragen, die Zeit, die das im Unterricht in Anspruch nimmt, die gewählte Sozialform, also ob Plenum, Gruppenarbeit, Stillarbeit usw., und dann muss irgendwann nach der Präsentation (P) auch noch die Verstehenskontrolle (VK) kommen, zwischendurch auch mal eine Übung (Ü) und am Schluss der Transfer. Das ganze natürlich handlungsorientiert, binnendifferenziert und interkulturell. Schrecklich.

Andere Themen wiederum fand ich hochinteressant. Was man alles beachten muss in so einer Deutschstunde! Wortschatzarbeit machen, immer die vier produktiven und rezeptiven Fertigkeiten im Blick haben. Also Lesen, Schreiben, Hör(versteh)en und Sprechen in einem ausgewogenen Verhältnis in der Stunde verteilen. Dabei sollen die TN achtzig Prozent sprechen, die Kursleiterin nur zwanzig Prozent. Behutsame Fehlerkorrektur. Die TN immer an die Tafel holen, auch wenn sie nicht wollen. Bewegung in den Kurs bringen, warum nicht mal ein Laufdiktat – alles, bloß kein Frontalunterricht, der ist tabu! Gruppenarbeit, Paararbeit, Wirbelgruppen. Induktive, selbsterklärende Grammatikvermittlung auf Grundlage selbstentdeckenden Lernens! Sich selbst als Lehrerin aus dem Fokus nehmen. Haptisch lernen, also Würfel und Wurfbälle benutzen, gute Laune verbreiten. Zwischendurch soll immer auch gelacht werden, mindestens einmal pro Unterrichtseinheit! Was allerdings die Geflüchteten in unseren Kursen lieben, ist genau jener verpönte Frontalunterricht, gegen Gruppenarbeit sträuben sie sich, die finden sie sinnlos. Wozu sind sie in die Schule gekommen, wenn sie dann mit den anderen, die auch kein Deutsch können, was anschauen oder ausfüllen sollen? Sie fühlen sich dann wertgeschätzt, wenn eine Autorität vorne an der Tafel erklärt und Vorträge hält. Wenn sich der kompetente Lehrkörper bei Stillarbeiten zu ihnen an den Tisch bewegt, prüft und hilft. So, wie sie es eben aus ihrer Schulzeit oder vom Studium her kennen. Am ehesten lassen sie sich noch für das Zusammenlegen von Bildkarten und Papierschnipseln begeistern. Und Spiele, die sind auch gut, am besten immer gegeneinander. Die TN sind nämlich sehr kompetitiv. Als ich Mahamoud einmal, weil er als Einziger die Hausaufgabe gemacht hatte, aus Spaß eine Eins mit Stern und ein »sehr gut!« in sein Heft geschrieben hatte, standen die anderen sofort Schlange und wollten auch eine Note, dabei hatten sie gar nichts abgeliefert.

Wirklich deprimierend waren in den zwei Wochen Zusatzausbildung die vier Arabischstunden. Ich hatte mir immer eingebildet, einigermaßen sprachbegabt zu sein, mir in jeder Sprache in kurzer Zeit zumindest ein paar Worte und Floskeln aneignen zu können. Aber in den Arabischstunden stand ich da wie der Ochs vorm Berg, konnte die berüchtigten arabischen Würgelaute partout nicht artikulieren und hoffte inständig, nicht an die Tafel gerufen zu werden, weil mir schon die ersten Buchstaben des arabischen Alphabets zu komplex waren. Andere im Kurs hatten weniger Schwierigkeiten und konnten sogar kleine Worte wie Mama und Baba (Mutter und Vater) an die Tafel schreiben, mir aber ging das alles zu schnell, und nach einer Weile schaltete ich ab. Der Friedrichshainer, der ein Orientalistikstudium hinter sich hatte und eine des Arabischen kundige Kollegin übernahmen den Unterricht. Der Friedrichshainer prahlte mit seinen Arabischkenntnissen, und mit ihm zu parlieren war für die Lehrerin wohl auch interessanter als sich mit uns Minderbegabten und der Entzifferung der ersten arabischen Schriftzeichen zu befassen. Ich flüchtete in die innere Migration und sehnte mich nur noch nach dem Ende der Stunde. Aber diese traumatisierende Lernerfahrung war wohl letztlich der Sinn der Stunde, ich nahm mir vor, beim eigenen Unterricht zukünftig immer darauf zu achten, dass sich nicht einer profiliert, während die anderen abschalten. Ich erkannte: Binnendifferenzierung ist also wichtig, auch wenn es Arbeit macht, und fühlte mich durch diese neue Lernerfahrung gereift und beflügelt. Aus mir würde noch eine sehr gute Lehrerin werden.

Die Zusatzausbildung war also ein Erfolg, ich bändigte sogar das Monster Feinplanung, erstellte ein Portfolio und bekam das Zertifikat. Jetzt stand meiner Karriere als Dozentin für Integrationskurse eigentlich nichts mehr im Weg. Nur noch kurz auf die offizielle Zulassung vom BAMF warten, und dann geht's los. Aber die Zusatzausbildung, das Portfolio und das Zertifikat brachten mich meinem Berufsziel erst mal nicht näher. Auf den Zulassungsbescheid vom BAMF wartete ich vergeblich, es kam nicht mal eine Eingangsbestätigung. Es kam auch keine Antwort auf meine Bewerbungen. Von wegen, es werden händeringend Deutschlehrer gesucht! In Berlin ist der Arbeitsmarkt einfach schwierig. Es gibt für alles schon ganz viele andere. Viele Künstlerinnen, viele Graphikerinnen, viele Germanistinnen, viele Friedrichshainer Orientalisten und prekäre Journalistinnen. Viele Leute wie ich, die jetzt auch Deutsch unterrichten wollen. Und es werden auch gar nicht so viele Dozentinnen für Integrationskurse gesucht in Berlin. Oder jedenfalls nicht so händeringend, wie ich gedacht habe.

### Die Thannhauser-Kontroverse

Die Dozentin sagte einmal während der Zusatzausbildung, sie ziehe ihren Hut vor Leuten, die sich ehrenamtlich engagieren, allerdings wäre es aus fachlicher Sicht manchmal haarsträubend, wie dort gelehrt werden würde. Pensionierte Deutschlehrer, die nie im Leben was von DaF oder DaZ gehört hätten, machten da mehr kaputt, als dass sie den Leuten Deutsch beibrächten. Da horchte ich natürlich auf: Gibt es eine Konkurrenz zwischen Ehrenamtlichen und ausgebildeten bezahlten Kräften? Es ist ja leider so: Wenn etwas umsonst gemacht wird, verliert es den Wert, und staatliche Stellen kommen, bei all den unentgeltlichen Hilfsangeboten, leicht auf die Idee, die festen Jobs zu streichen und alles durch Ehrenamtliche erledigen zu lassen. Deshalb muss ja die Grundvoraussetzung des Ehrenamtes sein: keine festen Jobs ersetzen! Und es mag auch manche DaZ-Kräfte geärgert haben, dass nun so getan wurde, als könne jeder Deutsch unterrichten. Denn dies setzt ja automatisch die eigene Ausbildung, das eigene Studium herab. Ein Gradmesser für die

Spannung zwischen Ehrenamtlichen und DaZ / DaF-Leuten ist die Thannhauser-Kontroverse um das Thannhauser Modell. Das Thannhauser Modell hat nichts mit der romantischen Wagner-Oper um den Sängerkrieg auf der Wartburg zu tun, sondern mit einem Deutschkurs-Hilfskreis aus dem schwäbischen Thannhausen in Schwaben. Dieser Hilfskreis um zwei pensionierte Schulrektoren und eine Lehrerin fand 2015, als viele Asylbewerber nach Deutschland kamen, auf dem Schulbuchmarkt kein passendes Lehrwerk für ihren Unterricht mit Geflüchteten. Die vorhandenen Lehrwerke für den Integrationsunterricht schienen grammatikalisch zu anspruchsvoll, und die Themen passten erst recht nicht zum Alltag der Geflüchteten. So bastelten sich die Thannhauser ihr eigenes Lehrwerk zusammen und nannten es ›Deutsch für Asylbewerber. Das Thannhauser Modell‹. Es handelt sich dabei um ein Arbeitsbuch, ganz auf den Anfängerunterricht zugeschnitten, mit den wichtigsten Vokabeln und einer kurzen Gebrauchsanweisung für das Leben in Deutschland von Religion bis Mülltrennung. Praktisch und lebensnah mit vielen Bildern und wenig Grammatik. Das Buch kam gut an und wurde in einem Beitrag des ZDF als erfolgreiches Konzept für Deutschunterricht für Geflüchtete »von Praktikern für Praktiker« vorgestellt. Das Thannhauser Modell wurde deutschlandweit bekannt, tausendfach in Geflüchtetenheimen verteilt und in vielen Helferkreisen benutzt. Die Thannhauser vertrieben es zum Selbstkostenpreis für sechs Euro fünzig. Also eine Erfolgsgeschichte. Das Buch hat allerdings einige Schwächen, was den DaZ / DaF-Fachkräften sofort auffiel, und so entspann sich eine in Blogs und Printmedien geführte Kontroverse. Der Tenor der DAZ-Fachkräfte lautet: Ehrenamtliche Lehrkräfte sind keine Lehrwerksautoren! Man habe vollsten Respekt vor den Menschen aus Thannhausen, die dieses Heft entwickelt und zur Verfügung gestellt hätten. Allerdings sei nicht jeder ehemalige Realschullehrer gleich auch Experte für DaF/DaZ im Erwachsenenalter. Die Autoren des Thannhauser Modells hätten sich wohl an ihrer eigenen Fremdsprachen-Lernerfahrung orientiert und an Materialien, die der Grammatik-Übersetzungs-Methode verpflichtet sind, mutmaßten die Kritikerinnen. Abgesehen von der bloßen Sprachvermittlung wird das Thannhauser Modell auch auf der inhaltlichen Ebene kritisiert: seltsames Deutschlandbild, fragwürdiger Wortschatz, gendersterotype Darstellung.

Es wurde zugleich bedauert, dass durch das Thannhauser Modell für viele Migranten in Deutschland die erste Deutschlernerfahrung zu einer vertanen Chance geriet. Das wiederum ging dann den Ehrenamtlichen zu weit. Als 2015 Hunderttausende Geflüchtete kamen, für die es gerade mal ein Bett in einer Notunterkunft oder in einem Zelt gab, war es bestimmt gut, dass die Ehrenamtlichen in die Heime gingen und Deutschkurse anboten, dass sich Initiativen in den Städten und auf dem Land gründeten, egal wie altmodisch und unsystematisch der Unterricht teilweise gewesen sein mag. Es gab ja für die Geflüchteten nie die Möglichkeit, sich zwischen Laienunterricht und Deutschkursen ausgebildeter Fachkräfte zu entscheiden. Zudem gibt es durchaus TN, die mit der als verstaubt verschrienen Grammatik-Übersetzungs-Methode gut zurechtkommen, weil sie ein ähnliches Lernsystem aus ihrem Heimatland kennen. Es gibt sogar Leute, die gerne Tabellen auswendig lernen. Der ehrenamtliche Unterricht gab vielen Menschen

Struktur in einer sehr schwierigen Zeit. Sie kamen mit Einheimischen und der deutschen Sprache in Kontakt, konnten mit ihnen kommunizieren. Das ist alles besser, als den ganzen Tag auf einer Pritsche in einer Notunterkunft zu liegen und zwischen Essensausgabe und Schlafenszeit an die Decke zu starren. Und eins darf man nicht vergessen: Deutsch lernen mit ausgebildeten Lehrkräften ist nicht zwangsläufig der Königsweg zum Lernerfolg. Das sieht man an den hohen Durchfallquoten in den Integrationskursen, da hilft auch kein handlungsorientierter Unterricht mit kommunikativem Ansatz und Binnendifferenzierung. Empathie und Zuwendung kann einiges an fehlendem Fachwissen wettmachen. Wer ehrenamtlich tätig ist, hat aller Wahrscheinlichkeit nach ein positives Verhältnis zu Geflüchteten aus anderen Ländern – sonst würde er ja nicht seine Freizeit opfern. Empathie und Begeisterung für den Beruf haben auch viele erfahrene DaZ / DaF-Leute, es gibt aber auch jene ausgebildete DaZ-Fachkraft, die ihre TN in Berlin in der ersten Deutschstunde mit einem Arbeitsblatt zum bayrischen Lifestyle und »Mia san mia«-Selbstverständnis konfrontiert. Und es gibt Naturtalente, wie unsere Kollegin Judith, die es tatsächlich fertigbringt, in drei Monaten dreißig Männern ohne Vorbildung, die im professionellen Alphakurs gescheitert waren, Lesen und Schreiben im lateinischen Alphabet beizubringen. Das Thannhauser Modell erscheint trotz aller Kritik in der vierten Auflage, Ausgaben sind inzwischen auf Englisch, Französisch, Farsi, Dari und Tigrinya erhältlich.

# Gesundheit und Körper: Gute Besserung!

✓ Kann Körperteile benennen und über das Befinden sprechen.
✓ Kann mitteilen, wie es ihm / ihr geht und beschreiben, was ihm / ihr weh tut.
✓ Kann über Krankheiten und Ärzte / Ärztinnen sprechen.

Gesundheit ist ein Thema, das unsere TN nicht besonders interessiert, die meisten sind unter dreißig, da hat man nicht so viel Gebrechen. Im Gegenteil, sie scheinen erstaunlich gesund zu sein. Manche sind ständig übermüdet, weil sie in den Unterkünften keinen Schlaf finden. Manche frieren immer und behalten deshalb immer ihre Jacken an.

Ich stelle mir manchmal vor, wie anders die Gespräche verlaufen würden, wenn wir es hier mit so Fünfzig-plus-Leuten wie mir zu tun hätten:

»O je, mein Rücken tut wieder so weh!«

»Bandscheibenvorfall? Ich hab ja so Probleme mit dem Ischiasnerv!«

»Das geht ja wieder weg, Heizkissen drauf und gut! Aber so eine Venenschwäche und Krampfadern, das ist schlimm! Vor allem bei der Hitze.«

»Lesen? Ich kann jetzt nicht lesen, meine Lesebrille ist weg.«

»Schreiben? Geht heut nicht so gut – Gelenkarthritis.«

»Nicht schon wieder diese Hörverstehenübungen mit der CD – das ist so leise, man versteht kein Wort.«

»Pause? Ok, aber kein Kaffee für mich, bitte – hoher Blutdruck!«

»Für mich bitte auch nicht – übersäuerter Magen!«

Aber das ist bei unseren Leuten alles kein Thema, und wie es drinnen aussieht, das wissen wir nicht. Meistens jedenfalls.

An einem Wintertag kam eine deutsche Frau, sehr zierlich, fast ätherisch, einen etwa fünfzigjährigen Mann mit grauen Locken im Schlepptau, der schüchtern ein wenig hinter ihr stehen blieb. Sie fragte für ihn nach einem Deutschkurs, er wäre ein hochgradig traumatisierter Amerikaner, er hätte keine Krankenversicherung, kein Geld, aber eine Aufenthaltsgenehmigung. Ich sagte, dass uns Papiere und Genehmigungen hier sowieso nicht interessieren und dass hier jeder mitmachen könne, ohne Anmeldung und ohne Ausweis. Das wäre gut, sagte sie, aber sie müsse immer mit ihm herkommen, er schaffe das nicht allein, ob das denn in Ordnung wäre, wenn sie immer dabeibliebe. Sie könnte ja solange im anderen Kurs aushelfen, sie hätte schon mal unterrichtet und eine pädagogische Ausbildung. Ich sagte zu und wollte ihren Schützling mit in den Vorkurs nehmen. Sie meinte, aber es gäbe noch etwas Wichtiges zu sagen: Ben, so hieß der Mann, bekäme manchmal Panikanfälle. Und falls sie ihn einmal nicht zum Unterricht begleiten könnte und er einen Anfall bekäme, soll ich ihm schnell eine Paniktablette geben, die hätte er immer in der linken Hosentasche. Obwohl mir der traurige Mann sympathisch war, übertrug sich die Panik sofort auf mich. Ich wandte ein, das könnte ich nicht garantieren, bei fünfundzwanzig Leuten auf einen besonders zu achten und im möglichen Panikfall rechtzeitig die Paniktablette in der richtigen Hosentasche zu finden und zu verabreichen – das müsste man ausprobieren. Wir ließen es drauf ankommen, und so setzte sich Ben mitsamt Paniktablette in meinen Anfängerkurs, seine ätherische Freundin half derweil im Nebenraum beim Alphabetisieren mit. Als Ben bei mir im Unterricht war, merkte ich schnell, dass er sich nicht zu sprechen traute, aber ganz viel Deutsch verstand. Seine Freundin hatte aber immer über ihn und seine Krankheit gesprochen, während er danebenstand und schwieg. Seltsam, wo sie doch eine pädagogische Ausbildung hat. Oder gilt die alte Regel nicht mehr, dass man nicht über Menschen, auch nicht über kranke Menschen redet, wenn sie danebenstehen? Dann kam er immer öfter ohne sie und blühte sichtbar auf. Seltsam. Man macht sich ja seine Gedanken. Sie hatte erzählt, er könne nicht allein kommen, er würde den Weg niemals finden, aber als wir mal mit dem Kurs in ein Café gingen und ein Stück laufen mussten, war es für ihn gar kein Problem zurückzufinden. Münchhausen-Stellvertreter-Syndrom, mutmaßte ich! Ein interessantes Phänomen, das man sonst eher bei Müttern findet. Sie hält ihn krank, um selbst Beachtung zu finden, um eine Aufgabe zu haben. Er sah traurig aus, und es ging ihm nicht gut – aber er wirkte nicht traumatisierter als all die anderen, und die hatten nicht mal eine Paniktablette.

Solche überbetreuenden Freundinnen / Ehefrauen gibt es öfter, erzählte mir Eva am Abend. Es wäre ein bestimmter Typus: Sie regeln alles für den Freund oder Mann, gehen mit ihm um wie mit einem Kind, trauen ihm nichts zu und halten ihn unselbständig. Sie führen den Mann wie einen Erstklässler zum Platz im Klassenzimmer. Kaum ist die Begleiterin verschwunden, finden sich die Männer prima zurecht, können sogar schon ein paar Worte sprechen, sich ganz gut verständlich machen, sagen, was sie brauchen, machen nicht mehr den geduckten Eindruck, sondern sind heiter und offen.

Beim Thema Gesundheit ist der Anfang immer noch relativ spaßig. Wir benennen zusammen unsere Körperteile und die Organe, führen medizinische Fachgespräche und kommen mitunter auch auf absurde Diskussionen. Das Gute am Körper ist: Die Demonstrationsobjekte sind alle vorhanden, man braucht kein Wörterbuch, keine Übersetzungs-App.

»Der Zahn«: man klopft auf den Zahn. »Ich habe Zahnschmerzen«: man hält sich die Backe und macht ein schmerzverzerrtes Gesicht. »Der Kopf«: ich habe Kopfschmerzen. »Die Organe« (das Herz, die Nieren) kommen im Buch nicht vor. Heute aber deutet Blaise auf seine Leber und fragt, wie das hieße? »Die Leber«. »Kann man sagen: Ich habe Leberschmerzen?«, frage ich die Kollegin. »Nein«, sagt die Kollegin, »die Leber schmerzt erst mal gar nicht, deswegen sind Leberkrankheiten so tückisch.«

Javier, der Tänzer, will wissen, was Knöchel, Wade, Ellenbogen und Knie heißt, wir kommen zum Thema Arm- und Beinbruch. Ich erzähle vom Sprunggelenk, das viele Probleme machen kann, wenn es bimollear bricht, und komme dann zu meinem Spezialthema: Gebrochene Fußzehen und der Dachziegelverband. Das ist ein besonderer Verband, den man sich selbst mit einem speziellen Klebeband aus der Apotheke anlegen kann und der den Arztbesuch spart. Eine perfekte Überleitung zu den Aufgaben im Buch. Wir betrachten die Zeichnung auf den Kopien: Menschen sitzen beim Arzt im Wartezimmer, haben Verbände oder halten ihre Gliedmaßen fest. Was tut den Leuten weh? Sein Bein tut ihm weh, ihr Rücken tut ihr weh. So sollen ganz schmerzlos, eher nebenbei, die Possessivbegleiter eingeführt werden. Das ist für alle erst mal noch ein bisschen verwirrend. Weiter mit dem Dativ: *Mein* Bein tut *mir* weh, *sein* Kopf tut *ihm* weh, aber das verstehen nur zwei oder drei TN. Wie soll man das denn erklären? Dativ bei Personalpronomen? Aber woher soll ich das auch wissen? Ich habe schließlich Germanistik studiert, nicht DaF. Und in der verkürzten Zusatzausbildung wurde zwar viel gebastelt, aber wie man den Dativ erklärt, hat einem da auch niemand gesagt. Und jetzt stehe ich genauso ratlos vor dem Dativ wie die TN. Aber weiter im Text. Was sieht man auf dem Bild? Zwei Seniorinnen mit Krückstock unterhalten sich.

»Und was fehlt Ihnen?«, steht in der Sprechblase über der Zeichnung. Ich erzähle, dass in Deutschland alte Leute immer oft und gern über ihre Krankheiten reden und frage, wie es bei den TN ist. Die Umfrage ergibt: Auch in Afghanistan, in Moldawien, in Syrien und in Burkina Faso, der Elfenbeinküste und Kamerun reden alte Leute viel über Krankheiten. Das wäre wohl international so, meint Jamal. Mahamoud widerspricht: In Mali überhaupt nicht. Niemand rede dort über Krankheiten. Weil am Tag vorher das Perfekt dran war, erzähle ich, dass sich alte Ehepaare immer fragen: Hast du deine Tabletten schon genommen? Das versteht wiederum keiner. Dass die Leute hier gegen und für alles Tabletten nehmen, während es in vielen Ländern keine ausreichende medizinische Versorgung gibt, hatte ich kurz vergessen. Wenn sie wüssten, dass ich mit meinem einundzwanzig Jahre alten Kater zurzeit alle drei Tage zum Tierarzt muss – er hatte eine mit Flüssigkeit gefüllte Blase und dann ein offenes Geschwür am Rücken, das sich infizierte. Und jetzt frisst er nichts mehr. Ich kaufe die verschiedensten teuersten Senioren-Katzenfutterschälchen, und manchmal setze ich ihm Thunfisch im eigenen Saft vor. Mit einundzwanzig Jahren – ein Methusalemalter für eine Katze –, als Mensch wäre er hundertdrei, wurde er dann unter Vollnarkose operiert. Es war schrecklich, denn es ist gut möglich, dass eine Katze im Greisenalter die Narkose nicht überlebt. Die OP kostete hundertvierzig Euro. Es geht ihm sehr gut, er wird bald zweiundzwanzig. Vielleicht ist er bald die älteste Katze Berlins. Das aber würde ich im Kurs niemals erzählen.

# Wege durch die Stadt

✓ Kann Fahrplänen für ihn / sie relevante Informationen
  entnehmen.
✓ Kann nach dem Weg fragen und Antwort geben.
✓ Kann Verkehrsmittel benennen, Ortsangaben machen,
  Orte und Richtungen angeben.

Verkehrsmittel – eigentlich ein dankbares Thema aus der
Lebenswelt der TN; ein »Männerthema«. Man macht einen
Wortigel, sammelt die bekannten Begriffe zum Thema, kann
auch was zeichnen, kann fragen, wie die TN zum Unterricht gekommen sind, und schon ist man mitten im Thema
und schönsten Gespräch. Und das ist ja das große Ziel des
DaZ-Unterrichts – die Leute zum Sprechen bringen. Aber
vorerst wird daraus nichts. Ben, der mit der Paniktablette,
ist neu in unserem Anfängerkurs, und ich stelle ihn vor und
rege mal wieder eine allgemeine Vorstellungsrunde an.

Mahamoud untersucht das Namensschild.

»Ben?«, fragt er.

»Was ist das für ein Name? Bist du Christ?«

»Jewish«, sagt Ben. Mahamouds Gesicht verdüstert sich.

»Aus ISRAEL?«, fragt er sichtlich erregt.

Alarm, Alarm. Jetzt ist also der Nahostkonflikt im Klassenzimmer angekommen.

»Nein, nein«, sage ich schnell, »Ben kommt aus New York.«

»Juden leben ja auf der ganzen Welt, nicht nur in Israel.«

In Berlin gibt es auch eine jüdische Gemeinde«, wirft die Kreuzberger Künstlerin, die heute bei mir hospitiert, ein und macht schnell hübsche Zeichnungen von Synagogen, Moscheen und Kirchtürmen an die Tafel. Mahamoud guckt immer noch finster.

»Die meisten Leute in Berlin sind sowieso Atheisten«, erkläre ich nach dem Motto: Flucht nach vorn und um den armen Paniktabletten-Ben aus dem Fokus zu nehmen. Ob alle wissen, was Atheisten sind? ATHEIST, schreibe ich mit großen Buchstaben an die Wand. Plural: A-THE-IS-TEN.

»Die glauben nicht an Gott, sie glauben nicht, dass es einen Gott gibt, und gehen nicht in die Kirche. In Berlin gehen sehr wenig Leute in die Kirche, ich auch nicht.«

Mahamoud schaut mich ungläubig und doch mit der Gewissheit einer maßlosen Enttäuschung an. Wir haben uns immer sehr gut verstanden und viel gelacht, jetzt verrät mir sein Blick, dass er es zutiefst bedauert, dass ich nach meinem Ableben leider für ewig in der Hölle schmoren werde. Die anderen schauen auch sehr irritiert, und die Kollegin nutzt den Moment allgemeiner stummer Verwirrung, um mit einem abrupten Themenwechsel wieder die ›Wege durch die Stadt‹ ins Spiel zu bringen. Aber bevor sie mit den Präpositionen und *dem* Kino, das neben *der* Bäckerei und *dem* Baum, der vor *dem* Supermarkt steht, anfangen kann, kommen uns wieder die verdammten drei »sie« der deutschen Sprache in die Quere. Um das Höflichkeits-Sie zu demonstrieren und einzuüben, bitte ich die TN, sich abwechselnd zu begrüßen, als ob sie gut befreundet, dann wieder Fremde wären. Der gutmütige, katholische Blaise geht immer wieder demonstrativ zum jüdischen Ben und reicht ihm die Hand:

»Guten Tag, wie geht es Ihnen? Woher kommen Sie?«

»Ich komme aus New York.«

Ich frage in die Runde: »Und was machen die beiden, was machen sie da?«

»Sie geben sich die Hand.« Blaise stellt nun Mahamoud und Ben einander vor – auch die beiden geben sich die Hand. Die anwesenden Religionen haben sich also friedvoll die Hände gereicht, und der Nahostkonflikt konnte fürs Erste abgewandt werden. Pause. Nach der Pause geht die Sache mit den drei »sie« leider doch noch total schief. Die TN wollen mal wieder eine genauere Erklärung. Es ist ja schlimm genug, dass es im Deutschen drei Sie gibt, dritte Person Singular, dritte Person Plural und das Höflichkeits-Sie. Man muss es immer wieder von vorn erklären, es bringt alle zur Verzweiflung, und selbst die wenigen, die es halbwegs verstanden haben, fragen immer, wie man die drei Sie auseinanderhalten soll. Wenn man ihnen erklärt: »Das ergibt sich aus dem Kontext«, schütteln sie den Kopf und glauben es nicht. Da heute hauptsächlich Französischsprachige und des Englischen mächtige TN da sind, übertrage ich die Tabelle der Personalpronomen einfach ins Englische und dann ins Französische. Im Englischen heißt es she und they, da fällt das Höflichkeits-Sie ja praktischerweise weg, im Französischen sagt man elle und vous. Leider geht der Sprachvergleich didaktisch nach hinten los. Denn nun verstehen der arme Mahamoud, Blaise, Antoine, Kingsley, Bacary, Valery, Momodou und Zidane überhaupt nix mehr. Jeder zeigt sein Nichtverstehen anders, manche resignieren, verstummen oder geben auf. Bei Mahamoud bündeln sich Wissbegierde, Engagement und Temperament in einem heiligen Zorn, wenn er etwas nicht versteht.

»Excusez moi! Excusez moi!«, ruft er, springt auf, rennt

zur Tafel und zeigt voll gerechtem Zorn auf die Tabelle. Und er hat recht: Wenn man schon eine andere Sprache als die Zielsprache Deutsch verwendet, sollte man wissen, dass im Französischen die Höflichkeitsform die zweite Person Plural ist, statt wie im Deutschen die dritte Person Plural. Aber auch in seinem Zorn ist Mahamoud immer sehr höflich. Das war nicht immer so. Als er wieder einmal in echter Deutschverzweiflung bei einem neuen, unbekannten Wort laut »Anschreiben!« rief und gebieterisch zur Tafel zeigte, stellte ich mich vor ihm auf, schlug die Hacken zusammen, salutierte und rief: »Oui, mon Général!«, wie man es aus französisch-deutschen Kriegsfilmen kennt. Mahamoud war völlig perplex: »Aber ich bin kein General?!«

»Und ich bin kein Soldat«, sage ich. »Es war nur Spaß.« »Eigentlich sagt man: Könntest du das bitte anschreiben, oder würdest du das bitte anschreiben oder kannst du das bitte anschreiben oder bitte anschreiben. Aber wenn du ›Anschreiben!‹ rufst, dann ist es wie beim Militär, du bist der General, ich der Soldat. Oui, mon Général!«

Mahamoud zeigte Verständnis, es war ihm auch ein bisschen peinlich. Von dem Tag an schrie er nicht mehr »Anschreiben!« durchs Klassenzimmer, sondern rief: »Excusez moi! Excusez moi!«

Also, jetzt aber zurück zu den ›Wegen durch die Stadt‹.

»Wie bist du heute zum Deutschkurs gekommen Jamal?«

»Ich heiße Jamal, ich komme aus Afghanistan, ich wohne in Berlin Marzahn, Bitterfelder Weg hundertzweiunddreißig …«

Jamal rattert seine Adresse bei jeder Vorstellungsrunde runter, ich müsste ihm jetzt noch mal sagen, dass man nicht gleich jedem seine Adresse und Hausnummer sagen muss. Aber nicht jetzt.

»Ja, ok, sehr gut. Bist du mit dem Bus oder mit der U-Bahn gekommen?«

Jamal ist zuerst mit der U-Bahn gefahren, dann in den Bus umgestiegen. Nun erzählen auch alle anderen, wie sie zum Kurs kommen. Dann kommen wir endlich zu den Präpositionen, am Museum *vorbei*, zum Kino *neben* dem Supermarkt und *gegenüber* der Post, *hinter*, *unter* der Brücke. Alle Präpositionen werden präsentiert. Zu den Präsentationszwecken habe ich ein altes Plüschtier, eine leicht abgewetzte Micky Maus, dabei. Die lege ich jetzt *unter* Stühle, *auf* Tische, *vor* und *hinter* oder *neben* einen oder *zwischen* zwei TN, werfe sie den TN zu, lasse sie die Maus in Position bringen, die anderen sollen die Präposition bestimmen, bevor die Maus weitergeworfen wird. Was sich recht kindisch anhört, funktioniert seltsamerweise total gut und macht den TN tatsächlich Spaß, so dass sie gar nicht dazu kommen, wegen der ganzen Präpositionen zu verzweifeln. Wenn alle *unter*, *über*, *zwischen*, *neben*, *an* und *aufs* behandelt wurden, lassen sie die Micky Maus Kopf stehen oder auf dem Tisch tanzen.

»Wenn die Katze aus dem Haus ist, tanzen die Mäuse auf dem Tisch«, sage ich. Das verstehen nicht alle, aber es gefällt ihnen. Überhaupt, das hab ich in meiner kurzen Laufbahn als DaZlerin bereits gelernt, macht man sich am besten von dem Gedanken frei, die TN müssten immer alles sofort verstehen. Man kann nicht immer nur in Dreiwortsätzen reden. Vieles ist rätselhaft auf der Welt und im Leben, in einem anderen Land sowieso. Manche Witze und manche Sprüche mache ich eben zu meinem eigenen Amüsement. Und manchmal verstehen die anderen etwas ganz anderes, finden es aber auch interessant. Die auf dem Tisch tanzenden Mäuse führen uns zur Katze. Und zur Sache mit dem Dativ und dem Akkusativ. Die Katze sitzt auf *dem* Stuhl, auf *der* Treppe und hinter *der* Gardine. Erst mal klar. Aber warum geht die Katze unter *den* Stuhl (mitsamt Akkusativ) und sitzt dann im Dativ unter *dem* Stuhl? Weil es Wechselpräpositionen gibt. In der verkürzten Zusatzausbildung hat uns keiner vor ihnen gewarnt. In der Grammatik lese ich, weil die Bewegung (wohin) den Akkusativ verlangt, die Position (wo) den Dativ. Aber wie kann ich das den TN nur schonend beibringen? Das machen selbst Muttersprachler falsch und Leute, die lange hier leben. Brauchen das die TN überhaupt, Akkusativ und Dativ bei Wechselpräpositionen? Sprache hat nun mal ein System, sagt eine befragte DaZ-Fachkraft. Man kann nicht nur den Wortschatz vermitteln und Redemittel geben. Das stimmt auch wieder. Dann könnte man sich den Unterricht sparen und den TN gleich die ›Erste-Hilfe-Deutsch-Hefte für Geflüchtete‹ mit den wichtigsten Redewendungen in die Hand drücken. Die können nützlich sein, aber Deutsch lernt man damit wahrscheinlich nicht.

Ich frische jetzt mit einem Programm im Internet mein Französisch auf, damit ich die TN aus Westafrika besser verstehen kann und weil ich so viel verlernt habe und auch als Selbstversuch, um Lernerfahrungen zu machen. Wenn wir zu zweit unterrichten, übernehme ich die »Westafrika-Gruppe« und spreche zwischendrin auch mal Französisch. Das funktioniert ganz gut, ich führe in der nächsten Deutschstunde meine neuen Vokabeln vor, und die TN freuen sich, wenn sie mir mal was beibringen können. Der arg alberne, aber auch noch sehr junge Saliou aus Kamerun lacht sich immer halbtot, wenn ich den falschen Artikel benutze. Manchmal ist das Französische ganz hilfreich, zum Beispiel bei den Modalverben. Du darfst rauchen – Tu peut fumer – wie bei uns, das Modalverb wird konjugiert, das echte Verb steht im Infinitiv. Aber bei den trennbaren Verben hilft uns das auch nicht weiter. Die sind sowieso das Schlimmste, was es gibt. Als ich zum ersten Mal von ihnen hörte, dachte ich, es gehe um Silbentrennung: »Trenne nie st, denn es tut ihm weh«, »st sind Geschwisterlein, wollen nie getrennt sein« und wunderte mich, warum die Silbentrennung so viel Platz in den Lehrbüchern einnimmt – wird sie doch im Alltag gar nicht so oft gebraucht. Aber die deutsche Sprache, musste ich bald feststellen, ist ja leider einfach voll von trennbaren Verben, die auch oft benutzt werden. Ankommen, aufstehen, aufwachen, ankommen, ausziehen, anziehen, fernsehen, einschlafen, ewig geht das so weiter. Da verlieren selbst die begabtesten TN den Mut. Der clevere Valery, der so gut Englisch und Französisch spricht, fällt in sich zusammen: »I give up. I don't get it!«

Ich schreibe fernsehen und aufstehen und einschlafen und ankommen auf ein Blatt, zerschneide das Blatt mit dem Verb und setzte es wieder neu zusammen. Ich sage immer wieder: Das Verb steht im Hauptsatz immer an zweiter Stelle. Ich schreibe über *an* eine eins und über *kommen* eine zwei und sage, dass die eins immer ganz ans Ende komme. Wenn sie dieses Trennungsprinzip, durch Verben zerschneiden und Schnipsel legen, endlich begriffen haben, ist schon viel geschafft. Dann wird immer wieder geübt und eingeschliffen, und immer wieder gepredigt, dass der zweite Teil des zerschnipselten Verbes, wie alle Verben im Hauptsatz, an zweiter Stelle steht und Teil eins ans Ende muss:

fern / sehen – Bruno sieht fern.

auf / stehen – Andrea steht im Sommer immer früh auf.

an / ziehen – Sara zieht eine Hose an.

Aber wenn man die Verbenverzweiflung aufgefangen hat und das Verbentrennen fast automatisch geht, dann darf man auch nicht länger verschweigen, dass es neben den nichttrennbaren Verben auch Verben gibt, die wie trennbare Verben aussehen, aber nicht trennbar sind und deshalb nichttrennbare Verben heißen. Nichttrennbar weil, wie zum Beispiel bei bestehen, verpassen, erleben, passieren, Verb und Präfix auch in der finiten Form untrennbar zusammenstehen. Und wenn das als zwar unsinnig, aber doch grammatikgegeben akzeptiert wurde, dann kommt auch bald der Tag, wo beim Perfekt die einst auseinandergerissenen Verben wieder zusammengesetzt werden und ein *ge* in die Mitte verpflanzt kriegen: auf*ge*standen, fern*ge*sehen ein*ge*schlafen, an*ge*kommen. Das Trennbare-Verben-Trauma ist ein uraltes DaZ-Phänomen, bereits der Sprachkritiker Mark Twain spricht davon:

»Die Deutschen haben noch eine Art von Paranthese, die sie bilden, indem sie ein Verb in zwei Teile spalten und die eine Hälfte an den Anfang eines aufregenden Absatzes stellen und die andere Hälfte an das Ende. Kann sich jemand etwas Verwirrenderes vorstellen? Diese Dinger werden ›trennbare Verben‹ genannt. Die deutsche Grammatik ist übersät von trennbaren Verben wie von den Blasen eines Ausschlags; und je weiter die zwei Teile auseinandergezogen sind, desto zufriedener ist der Urheber des Verbrechens mit seinem Werk.« (Mark Twain)

Dabei gibt es noch viel schlimmere Sachen: Adjektivdeklinationen zum Beispiel. Zum Glück kommen wir bei der starken Fluktuation im Kurs kaum jemals übers Perfekt in Lektion 7 hinaus. Aber später mal, in den Integrationskursen, werde ich das erklären müssen. Falls ich jemals den Schein vom BAMF bekomme. Eva sagt, ich soll nicht zu viel erwarten, es wär ein Knochenjob und so nett wie bei uns im ›Deutschkurs für alle‹ wäre es beileibe nicht. Sie hat sich inzwischen mit dem polygamen Sudanesen, der ein ernsthafter, aufmerksamer Schüler ist, arrangiert. Er fehlte nun aber seit einer Woche, weil die Kinder krank sind. Da bleibt er zu Hause, damit seine Frauen zum Deutschkurs gehen können. Vorbildlich.

# Leben in Deutschland

✓ Kann der Hausordnung für Mieter / Mieterinnen relevante
   Informationen entnehmen.
✓ Kann Mitteilungen in Mietshäusern verstehen.
✓ Kann über Probleme im Haus sprechen.
✓ Kann Smalltalk machen.

Wenn in späteren Zeiten die Menschen einmal verstehen wollen, was den Deutschen in den Zehnerjahren des 21. Jahrhunderts wichtig war, wie sie sich und ihre Kultur definiert haben, was damals als »Deutsch« galt, also was den Charakter, den Geist, die Seele der Deutschen ausmachte, werden sie herausfinden, was das identitätsstiftende Streben und Sinnen der Deutschen war: die Mülltrennung. Denn bei Ausgrabungen werden die Altertumsforscher der Zukunft unweigerlich auf viele DAZ-Lehrwerke stoßen, die um 2015 während der sogenannten »Ersten Flüchtlingskrise« große Verbreitung fanden und den Schulbuchverlagen einen Aufschwung bescherten. Historikerinnen werden die Lehrwerke analysieren und zum Schluss kommen: Die Mülltrennung war um 2015 herum das größte nationale Gut der Deutschen. Ihre größte Sehnsucht und größte Seligkeit. In den DaZ-Lehrwerken ist man besessen vom deutschen System der Mülltrennung.

In vielen Büchern wird im Kapitel ›Leben in Deutschland‹ hauptsächlich und aufs ausführlichste die Pflicht zur Mülltrennung thematisiert. Die TN werden zunächst über die verschiedenen Müllsorten und die entsprechenden Behälter aufgeklärt. Sie erfahren, dass in einem Wertstoffzentrum kostenlos defekte Elektrogeräte, Batterien oder Sperrmüll abgeben werden können. Im Lehrerhandbuch wird als Projektarbeit vorgeschlagen, auf Plakaten verschiedenen Gegenständen (entweder als Wort- oder Bildkarten verteilt) in Gruppenarbeit den korrekten Mülleimern zuzuordnen. Folgende überlebenswichtige Redemittel werden eingeführt:

»Das kommt in den Biomüll / in den Restmüll/
ins Altpapier / in den Gelben Sack.
Die Medikamente sind abgelaufen.
Die Müllabfuhr kommt.
Wir müssen die Restmülltonne rausstellen.
Wir trennen unseren Müll.«

Im Deutschtest für Zuwanderer geht es im folgenden Absatz eigentlich um einen Informationsaustausch über die kulturelle Differenz und das Heimatland. Die TN berichten darüber, was in ihrer Kultur im Gegensatz zur deutschen anders ist, das soll möglichst ohne Prüferintervention geschehen. Sie sprechen also miteinander oder nacheinander. Das sieht dann bei Niveau A2 so aus: Thema Müll:
»Wie machen Sie das? Wer macht das bei Ihnen und wie machen Sie das?«
Die Prüferfragen bei Niveau B1 lauten:
»Wie ist das mit dem Müll in _____ 1)? (Herkunftsland)«
»Wie finden Sie das, wie das mit dem Müll in Deutschland funktioniert, und warum?«

In einem weitverbreiteten Lehrwerk für Integrationskurse – die Chefgraphiker müssen in ihrer Jugend wohl
große Fans der Bravo-Foto-Lovestory gewesen sein – trifft
das gutherzige südamerikanische Au-pair-Mädchen auf den
Hausmeister, der sich mit einem laut gebrüllten »Halt, das
gehört doch nicht in den Restmüll!« vorstellt. Im Laufe der
Geschichte zeigt sich schnell der weiche Kern des Facility
Managers. Er kann ihr die kleinen Fehler bei der Mülltrennung noch mal großzügig verzeihen und erklärt der jungen Frau gerne die Sache mit der Mülltrennung noch mal
ganz genau. Im zugehörigen Arbeitsbuch hat man sich etwas Lustiges einfallen lassen: Der sprechende Mülleimer.
Eine Lesegeschichte über Berliner Mülleimer, die »danke«
sagen. Danach soll man diskutieren. Im Thannhauser Modell für Asylbewerber hat man eine Seite für Islam / Chris-
tentum / (unter Auslassung anderer Religionen und der
Möglichkeit, keiner Religionsgemeinschaft anzugehören)
reserviert, die Mülltrennung nimmt ebenfalls eine Seite ein.

Wie lässt sich diese affektbesetzte Liebe zur Mülltrennung
erklären? Es kann nicht nur die pure Liebe zur Umwelt, zum
deutschen Wald und zur Natur sein. Es ist etwas anderes,
tieferes – man weiß es nicht. Auf jeden Fall heißt der erste
Lehrsatz für die Angekommenen:

»Sich integrieren heißt den Müll trennen.«

Denke ich über die deutsche Mülltrennung nach, so fällt
mir unweigerlich eine Szene aus einem alten Otto-Film ein:
Eine Landkommune, alle streng nach Klischee mit zotteligen
langen Haaren, in Latzhosen oder Leinengewändern zu Bir-
kenstocklatschen gewandt, geht gemächlich und verschlafen dem Tagewerk nach, als große Aufregung ausbricht:
Eine Frau steht weinend und zitternd vor dem Komposthau-

fen, hin und her gerissen, verzweifelt, weil sie nicht weiß, ob der Faden am Teebeutel auch auf den Kompost oder in den Restmüll gehört.

Es wird lange nachgedacht, hin und her beratschlagt und einer sagt: Ach, gerade jetzt ist Frauke nicht da und in die Stadt gefahren, dabei hat sie doch immer so eine ruhige Art bei solchen Problemen!

Vielleicht hat die Übererfüllung des Mülltrennungsaufklärungsgebots auch den Grund darin, dass sich an der (nicht) korrekten Mülltrennung gerade in Mietshäusern häufig Streit entzündet. In einigen Kommunen gibt es deshalb Handzettel: ›Hilfe zur korrekten Mülltrennung‹ in neun Sprachen. Was in welche Tonne gehört, wird in Wort und Bild erklärt. Da die meisten Geflüchteten aber immer noch jahrelang auf eine eigene Wohnung warten müssen, werden sie diese Zettel vorerst nicht erhalten und auch den Müll nicht trennen können. Aber eines Tages, wenn der Asylantrag positiv beschieden wurde, stehen sie vor den Mülleimern, und dann können sie ihre Kenntnisse endlich anwenden und beweisen, wie gut sie sich integriert haben. Doch nicht nur für Geflüchtete ist Mülltrennung ein Integrationsmesser. Die regionalen, kommunalen Unterschiede machen aus dem sensiblen Thema Mülltrennung auch für echte Biodeutsche eine knifflige Angelegenheit. Wehe dem, der zum Beispiel von Berlin ins Badische reist, Müll verursacht, ihn entsorgen und dabei nach dem Berliner Schema vorgehen will: Das Altpapier und Kartons in die blaue, Plastik in die gelbe, Wertstoffe in die orange, Bunt- und Weißglas getrennt in die grüne, Biomüll theoretisch in die braune und den Restmüll in die graue Tonne! In Baden kommt das Papier absurderweise in die grüne Tonne, fürs Glas gibt es gar keine, alles ist anders, und man schmeißt den Müll halt dann irgendwo rein. Ernsthafte familiäre Zerwürfnisse sind vorprogrammiert. Denn die Müllpolizei hat ihre Augen überall, kontrolliert das Mülltrennungsverhalten, und allzu leicht wird die Müllsünderin überführt und muss sich belehren lassen, dass sie im Berliner Schlendrian mal wieder alles falsch gemacht hat!

# Ämter und Behörden

✓ Kann nachfragen, wenn er / sie etwas nicht verstanden hat.
✓ Kann am Informationsschalter gezielt Auskünfte erfragen.
✓ Kann sich über Beratungseinrichtungen informieren, z. B. über Öffnungszeiten, Adressen.

Die Kapitel ›Leben in Deutschland‹ und ›Ämter und Behörden‹ könnten für Geflüchtete eigentlich zusammengefasst werden, denn ihr Leben besteht aus Ämter- und Behördengängen. Die Lehrwerke für den Deutschkurs sollen den Leuten ja das Leben in Deutschland erklären. Nach dem Durcharbeiten des Behördenkapitels sollen die Lernenden wissen, wie ein Behördenbesuch in Deutschland abläuft. Sie können dann im besten Fall ein Formular ausfüllen, verstehen einfache personenbezogene Fragen und können darauf reagieren. Das Modul vermittelt außerdem, dass das Machen und Einhalten von Terminen in Deutschland eine große Rolle spielt.

Es passiert aber im Herbst 2015 Dinge bei den Berliner Behörden, die man nicht erklären kann, auf die kein DaZ-Lehrwerk vorbereitet, für die es keine Redemittel gibt. Deutschland hat bei den Geflüchteten in der Anfangseuphorie des Ankommens einen geradezu märchenhaften Ruf und das Image, dass hier alles ordentlich und gerecht zugehe, das man der Polizei vertrauen könne, dass es keine Korruption gäbe. Das System, dem sich Geflüchtete ausgesetzt sehen, zum Beispiel am LAGeSo, ist auch für deutschsprachige, erfahrene Behördengänger absolut undurchschaubar. Man wird zu Terminen einbestellt, kommt aber nicht dran, muss tage- und wochenlang warten, bis eine Nummer aufgerufen wird. Wenn man gerade auf der Toilette ist, wenn die Nummer erscheint, war alles Warten umsonst. Und hat man endlich geschafft, sich registrieren zu lassen, muss man sich bald danach wieder tagelang anstellen, um den Platz im Heim zu verlängern, um Geld für Lebensmittel und Krankenscheine zu bekommen. Das LAGeSo ist ein Höllenschlund, der alles verschluckt, ein Ort ohne Wiederkehr. Oft fehlen die TN tagelang im Unterricht, wenn sie einen »Termin« beim LAGeSo haben. Und das passiert nicht nur in den ersten Wochen, als man einfach nicht auf so viele Menschen eingestellt war, sondern viele Monate lang. Man versucht das System zu verbessern, man versucht es mit verschiedenfarbigen Bändchen, mit neuen Mitarbeitern ... und? Es wird nicht besser.

Zu diesen Zeiten wurde unser liebes Berlin von allen Seiten niedergemacht. Berlin-Bashing in Print, Funk und Fernsehen, vor allem aus den weniger attraktiven deutschen Städten, das kennen wir ja. Aber jetzt hat Spiegel Online Berlin sogar eine »failed Stadt« genannt, eine »gescheiterte Stadt«. Failed States nennt man ja Staatsgebilde, die ihre grundlegenden Funktionen nicht mehr erfüllen können, so wie Somalia oder den Tschad. Nun, es gibt Schwierigkeiten in der Berliner Verwaltung, das stimmt, aber ist Berlin eine gescheiterte Stadt? Es ist sehr schwer, einen Termin beim Bürgeramt zu bekommen, wenn man zum Beispiel einen neuen Pass braucht. Ist man um drei nach acht in der Früh vor Ort, gibt es keine Wartenummern mehr. Im Internet gibt's Termine erst wieder in zwei Monaten. Da muss man schon sehr auf Zack sein und zum Beispiel eine Stunde Fahrzeit in exotische Bezirke wie Marzahn-Hellersdorf auf sich nehmen, um dort eventuell noch einen Termin zu bekommen. Berlin ist unfähig, einen Flughafen fertig zu bauen, ja. Seltsamerweise wickeln aber die alten Flughäfen Tegel und Schönefeld als Provisorien unproblematisch dreißig Millionen Passagiere jährlich ab. Die Schulen sind teilweise marode und die Parks vermüllt, weil die öffentlichen Ausgaben total heruntergefahren wurden. Wirklich schlimm geht es aber schon seit dem Sommer am Berliner Landesamt für Gesundheit und Soziales (LAGeSo), der Behörde, die für die Registrierung und Unterbringung der Geflüchteten zuständig ist, zu. Seit Monaten warten hier Tag und Nacht Hunderte Menschen auf ihre Registrierung, auf Bescheinigungen und andere Papiere. Im Sommer gab es bei dreißig Grad kein Trinkwasser, inzwischen warten die Menschen in der Nacht in Kälte und Regen, um am nächsten Tag einen Termin zu bekommen. Ehrenamtliche Helferinnen wurden behindert, beheizte Zelte dürfen aus irrsinnigen Gründen nicht geöffnet werden. Es ist eine Schande, was dort passiert, man weiß nicht, ist es pures Behördenversagen oder eine Politik der Abschreckung? Die zuständigen Senatorinnen verbarrikadieren sich hinter Vorschriften. Anonyme Aussagen von Mitarbeiterinnen brachten jetzt ans Licht, dass täglich fünfhundert Geflüchtete einbestellt werden, wobei klar ist, dass man höchstens zweihundert Fälle täglich bearbeiten kann. Und es gibt tatsächlich den Job des »Suchers«, der aus Aktenbergen in verschiedenen Zimmern das richtige Dokument zu fischen hat. Tausende von Freiwilligen fangen seit Monaten das Versagen der Behörden auf, besorgen Notübernachtungen, bringen Decken und warme Getränke, organisieren Wärmebusse. Bei der Initiative ›Moabit hilft‹ ist man sich sicher, dass diese Zustände von der Politik gewollt sind. Sogar die New York Times berichtet vom Berliner Schandfleck LAGeSo und fragt sich, wie so etwas bei den Deutschen, die doch für ihr Organisationstalent berühmt sind, passieren kann? Die Mitarbeiter sind überfordert und verzweifelt, der Chef der Behörde musste zurücktreten, Fachleute werden gefragt: Woran liegt's? Es gäbe in den Ämtern eine Mentalität der Abwehr: Geht nicht, schaffen wir nicht, können wir nicht, sind wir nicht zuständig, attestierte ein Verwaltungsfachmann.

Tiefenpsychologisch wird vermutet, dass Westberlin früher jahrzehntelang am Tropf von Westdeutschland hing und Ostberlin als DDR-Vorzeigestadt ebenso vom Rest des Landes massiv unterstützt wurde, das wirke bis heute nach im Selbstverständnis. Und Berlin drücken tatsächlich Altlasten. Sechzig Milliarden Miese hat der Bankenskandal hinterlassen. Jahrelang hatte es geheißen, Berlin solle seinen aufgeblähten öffentlichen Dienst mal abspecken. Das habe man zu gründlich gemacht. Seltsamerweise aber funktionieren die Teile der Berliner Verwaltung, die den Berlinerinnen Geld abknöpfen, Finanzamt und Ordnungsamt, ganz hervorragend. Zur Verteidigung wird noch angeführt, dass in Berlin, im Vergleich zu kleineren Städten wie München oder Hamburg, ein permanenter Ausnahmezustand herrscht:

Jeden Tag Staatsbesuch, jeden Tag ein halbes Dutzend Demos, ständig irgendwelche Fanmeilen, Sport- und Mode-Großevents, zu denen immer gleich Hunderttausende kommen. Dazu zieht es nicht nur jede Menge Touristen, sondern auch Hunderttausende Neubürger aus aller Welt in unsere gescheiterte Stadt. Viele kommen und bleiben wegen der leichten Anarchie, die das Leben hier so angenehm macht.

Hier wundert man sich über nichts, hier kann jeder machen, was er will. Und schließlich gibt es hier doch auch vieles, was funktioniert:

Müllabfuhr – Tipptopp!

In kaum einer Stadt kommen Polizei und Krankenwagen so schnell, wenn man sie braucht!

Wir haben achtzig Weihnachtsmärkte!

Bundesliga – Tabellenplatz drei für Hertha BSC!

Silvesterfeier am Brandenburger Tor mit einer Million Besucher!

Helene Fischer im Olympiastadion – alles logistisch gar kein Problem!

## Lektion 12
# Im Kaufhaus

✓ Kann Vorlieben und Bewertungen ausdrücken.
✓ Kann Informationen zu Produkten erfragen (Preis, Größe, Abteilung).
✓ Kann über Kleidung sprechen.
✓ Kann Einkaufsdialoge im Kaufhaus führen und sich im Kaufhaus orientieren.

Beim Unterricht mit Geflüchteten können alle Themen problematisch sein. Wohnen, Beruf, Familie, auch das Thema ›Kaufhaus und Shopping‹. Manche Lehrwerke führen die TN in Möbelhäuser mit Designercouchen – aber für Geflüchtete ist auch ein Besuch bei Karstadt eine Extravaganz, vor allem, wenn man in einem Heim wohnt und nur Taschengeld bekommt. Dreihundertvierundfünfzig Euro im Monat bekommen Geflüchtete, wenn sie sich selbst versorgen – das heißt für viele aus den afrikanischen Ländern, einen Monat lang Reis essen, um hundert Euro nach Hause schicken zu können. Da ist Shopping ein eher abstraktes Thema. Aber wir leben nun mal in einer Warenwelt, und ab und zu kaufen sich auch Geflüchtete mal was. Man soll im Deutschunterricht ja authentische Materialien verwenden, die Artikel im Ikea-Katalog und H&M-Prospekt sind für unsere TN aber zu hochpreisig angelegt. Die Artikel in den Prospekten der Elektronikmärkte sind zwar für sie auch unerschwinglich, aber es werden Mobiltelefone angeboten, und die hat und braucht ja jeder. Da kann man über Technik reden, Preise vergleichen, Zahlen lernen. Ich verteile die Prospekte und sage:

»Ich brauche ein Handy! Ich möchte ein Telefon kaufen. Es soll weniger als achtzig Euro kosten, sucht mal eines für mich aus!«

Das finden alle amüsant. Denn alle haben ein Mobiltelefon, und sie nutzen es. Um meine wirren Tafelbilder oder unsere Bildkarten zu fotografieren. Sie nutzen ihre Übersetzungs-Apps, die uns oft in die Irre führen. Unternimmt man was mit den TN, einen Ausflug oder geht man mit ihnen zu einem besonderen Anlass ins Café, wird sofort fotografiert. Kaum sitzt man nett beisammen: Selfiealarm. Unsere westafrikanische TN-Clique macht bei Fotos gern ein irgendwie besorgtes und ernstes Gesicht. Sie legen die Hand nachdenklich ans Kinn, sogar wenn – begeistert vom ersten Schnee – Liegeselfies im Schnee gemacht werden. Was ich überhaupt nicht verstehe, ist, dass viele Leute nicht verstehen, dass Geflüchtete Handys haben. Gönnt man ihnen keinerlei Besitztümer? Es stimmt, alle Geflüchteten haben Handys, aber sie haben sonst nix. Keine Wohnung, keine Privatsphäre, nur die Klamotten, die sie am Leib tragen. Das Handy ist ihr Büro, ihr Wohnzimmer, ihr Archiv, die Verbindung zur Familie – wie soll man denn von Syrien und Afghanistan hierherkommen, die Route finden, sich mit Schleppern und Helfern verabreden ohne Handy? Wie mit der Familie in Kontakt bleiben?

Nach der gelungenen Mobiltelefon-Beratung durch meine TN muss ich aber doch zum Thema Kaufhaus kommen. Denn da können Einkaufsdialoge geübt und Redemittel genannt werden, außerdem kann man den Wortschatz um wichtige Adjektive wie schön, hässlich, langweilig, super, günstig erweitern. Die wichtige Frage »Wie steht mir die Hose?« wird gestellt, und ob man will oder nicht, Akkusativ und Dativ sollen wiederholt und vertieft werden, das ist das Tückische am Kaufhauskapitel.

Bei der Vorbereitung und dem Erstellen der Arbeitsblätter fiel mir das Rockdilemma ins Auge. Warum heißt es »wie gefällt dir *der* Rock?«, aber »wie findest du *den* Rock?« Einmal ist der Rock das Subjekt, einmal nicht, schon klar. Aber ich habe Schwierigkeiten, den TN zu vermitteln, was ein Verb ist, da fang ich doch jetzt nicht mit Subjekt, Prädikat, Objekt an. DaZ-Eva rät, ich soll den TN sagen, es heißt so: »Wie gefällt dir der Rock, aber wie findest du den Rock. Das ist halt so.« So isses halt.

Ich forsche zu Hause weiter und finde keinen Rat, nur wie man es nicht macht. In ›DaF unterrichten. Basiswissen Didaktik‹ steht:

»Es hält sich noch immer hartnäckig das Gerücht, dass man Dativ und Akkusativ über die Fragewörter *Wen?* und *Wem?* einführen und erklären könnte. Leider wird dabei vergessen, dass nur Muttersprachler – und auch nur solche, die nicht bestimmte Dialekte sprechen – erkennen können, wann man *Wen?* und wann man *Wem?* fragen muss. Für Fremdsprachler ist das völliger Humbug: Man könnte Ihnen genauso gut die Aufgabe geben, die Fragen Schnirks? und Schnurks? zu stellen, das hätte denselben Effekt.«

Ich bin erleichtert, aber auch total aufgeschmissen – wie soll ich es denn dann erklären? Über die Verbvalenz? Das wird niemals funktionieren, das versteht keiner.

Beim nächsten Teamtreffen frage ich einen der »aktiven« Deutschlehrer, der uns verblüffte, weil er schon in den ersten

Stunden mit Akkusativ und Dativ herumwirbelte, um Rat. Auf die Wen / Wem-Frage angesprochen, erwiderte er heiter: »Ach, ich lass den Kasus inzwischen ganz weg!« Da liegt er auf einer Linie mit dem berühmten DaZler Mark Twain, der sich nicht nur über die schreckliche deutsche Sprache beschwerte, sondern sie auch reformieren wollte:

»An erster Stelle würde ich den Dativ fortlassen. Er bringt die Plurale durcheinander und außerdem weiß man nie, wann man sich im Dativ befindet, wenn man es nicht zufällig entdeckt und dann weiß man nicht, wann und wo man hineingekommen ist, wie lange man schon drin ist, oder wie man jemals wieder herauskommen soll. Der Dativ ist nur eine närrische Verzierung – es ist besser, ihn aufzugeben.«

Das ist für mich der bislang hilfreichste Rat: den Dativ einfach aufgeben.

Nachdem ich das Rockdilemma mit der Ansage: »Das heißt eben so«, umgehen konnte, kam das Mützenproblem auf mich zu. Mahamoud kommt jeden Tag aus Charlottenburg mit dem Fahrrad angefahren, zwölf Kilometer hin und wieder zurück. Auch im Dezember bei minus zehn Grad fährt er die Strecke und hat dabei immer nur so eine dünne Baseballcap auf.

»Du brauchst eine Mütze!«, sage ich, als wir im Zuge des Kaufhauskapitels über den Unterschied zwischen Mützen, Hüten und Kappen sprechen. Er lacht und sagt:

»Ich habe eine Cap!«

Ich habe zu Hause ungefähr zehn Wollmützen, auch nagelneue Unisex-Modelle, die ich nie trage. Ich bin nämlich kein Mützentyp, friere aber doch manchmal obenrum, kaufe mir deswegen jeden Winter eine Mütze und binde dann doch lieber ein Tuch um den Kopf. Nun überlege ich tagelang, wie ich Mahamoud eine Mütze vermachen kann, ohne dass es peinlich wird. Hin und her überlege ich. Ich bin ja so was wie eine Lehrerin, da verteilt man keine Almosen und Kleiderspenden an die TN. Andererseits, wenn er doch eine braucht und jeden Morgen mit blaugefrorenen Ohren auf dem Fahrrad ankommt? Aber ist es von meiner Position her gesehen nicht maternalistisch, sich um die kalten Ohren eines TN zu sorgen und ihm auch noch eine Mütze aufs Ohr drücken zu wollen? Andererseits, was ist falsch daran, jemanden etwas anzubieten, was ihm vielleicht nützlich sein könnte? Schließlich wasche ich alle Mützen, nehme sie mit ins Klassenzimmer, lege sie auf einen der Tische und frage eher so nebenbei:

»Braucht vielleicht jemand eine Mütze?«

Mahamoud ist hocherfreut und wählt sich schnell die schönste mit einer tribal-inspirierten Hiphop-Stickerei aus. Manchmal macht man sich einfach auch zu viele Gedanken. Aber viele machen sich auch zu wenig Gedanken.

Wohltätigkeit ist eine schwierige Sache, und abgelegte Klamotten annehmen zu müssen kann auch erniedrigend sein. Warum spenden jetzt alle so gerne ihre alten Klamotten? Erst einmal, weil viele Leute hier mit Flipflops und in Sommerkleidung ankommen und warme Kleidung brauchen. Und es ist auch einfach, das herzugeben, was man eh nicht mehr braucht. Hinzu kommt die deutsche Begeisterung für Mülltrennung, für Wertstofftonnen und Recycling. Im Winter wollen alle Klamotten spenden, und viele fragen nach

Adressaten für ihre Spenden. Weist man auf die Bedarfslisten hin, auf denen hauptsächlich Männerkleidung in den Größen S und XS gesucht wird, sinkt die Bereitschaft. Beim Punkt »Unterwäsche und Socken bitte nur Neuware« hört es dann, bei aller Liebe, mit der Spendenbereitschaft auf. Ich sehe die Bedarfslisten der ›Kreuzberg hilft‹-, ›Tempelhof hilft‹-, ›Moabit hilft‹-Initiativen durch. Am Ende der Liste gibt es für die Spendenwilligen eine kleine Hilfestellung; Tipps, wie eine gute Spende aussieht und Negativbeispiele. Es wurden gespendet:

›50 Shades of Grey‹, gebundene Ausgabe auf Deutsch
Ein Männer-Shirt in XXL mit der Aufschrift
›Bier formte diesen wunderschönen Körper‹
Ärmellose Abendkleider
Gutscheine für einen argentinischen Tango-Kurs
Bikinioberteile (im November)
Ein paar Skier mit Stöcken
Und ein verschissener Baby-Strampelanzug

Manche regen sich auf, wenn Geflüchtete in den Kleiderkammern gezielt nach Sportmarken fragen. Denn: Wenn wir schon so großzügig sind und die hier aufnehmen, dann sollen sie sich aber bitte auch mit dem zufriedengeben, was wir ihnen geben. Wer das nackte Leben gerettet hat, dürfe sich keine Puma-Jacke wünschen!

Dass es zwischen Menschen aus verschiedenen Ländern kulturelle Unterschiede gibt, dass manchen Leuten schöne Kleider so wichtig sind, dass sie dafür am Essen sparen, ist wohl nicht jedem bekannt.

## Flohmarkt

In einem Lehrbuch hab ich das Kapitel ›Flohmarkt‹ gefunden, das scheint gut in unseren Unterricht zu passen,
obwohl die Institution ›Flohmarkt‹ vielen Geflüchteten
erst mal kein Begriff ist. Aber Flohmarkt ist super, weil man
viele Redeanlässe hat. Verkäufer-Käufer-Dialoge, Preise erfragen, Verhandeln, Adjektive.

»Was kostet der Wasserkocher?«
»Zwanzig Euro.«
»Das ist aber teuer!«
»Das Bügeleisen ist alt / kaputt / funktioniert nicht / ist zu
teuer.«

Ich teile die Kopien aus, erkläre nach den Buchvorgaben den
Unterschied von Kaufhaus und Flohmarkt und inszeniere
ein kleines Rollenspiel zum Thema Umtausch und Rekla-
mation. Es sind gerade Schulferien in Berlin, und ein paar
UMFs werden von den Betreuern in den Ferien zu uns geschickt. Mohammed ist seit acht Monaten in Berlin, geht
hier zur Schule und hat schon voll kapiert, wie es hier läuft.
Er spielt den Verkäufer (V) im Elektronikmarkt. Ein Kunde
(K) kommt mit einem kaputten Radio und will es umtauschen.

K: »Das Radio ist kaputt!«
V: »War aber nicht kaputt!«
K: »Doch, ist kaputt. Ich möchte das Radio umtauschen.«
V: »Geht nicht!«
K: »Ich möchte das Radio umtauschen.«

V: »Kollege ist nicht da, weiß nicht, wann er kommt.
Füll mal den Zettel aus, dann warten.«

Dann bauen wir einen Flohmarkttisch auf, mit Büchern, Heften, Handys. Die UMFs sind nicht zu bremsen, erweisen sich als geborene Entertainer, mit minimalem Wortschatz erreichen sie das höchstmögliche Kommunikationsniveau.

K: »Was kostet das Buch?«
V: »Fünfzig Euro!«
K: »Zu teuer!«
V: »Wie viel hast du? Kannst du überhaupt lesen?«
K: »Klar kann ich lesen!«
(liest einen Phantasietext aus einem Vogelbuch in angetäuschtem Deutsch vor. Riesengelächter in der Klasse.)
V: »Gib mir dreißig Euro.«
K: »Zu teuer!«
V: »Geh weiter!«
Szenenapplaus.

Allerdings werden sie als Kommunikationsgenies ohne weiteren Unterricht zu den berüchtigten »Fließendfalschsprechern« werden. Das Falschsprechen ist dann »fossiliert«, wie wir Expertinnen sagen, man kriegt es nicht mehr raus.

Es ist lustig mit den UMFs, sie sind so gewitzt, so voller Energie, auch Sprachenergie, sie können schon kleine Geschichten erzählen, schade, dass sie nur kurz da sind. Ihnen gefällt es auch bei uns. Sie würden gerne im Kurs bleiben, schreiben sie mir ein paar Tage später, müssten aber morgens zur Schule, ob sie nicht nachmittags kommen könnten. Aber da haben wir keine Kurse.

# Auf Reisen / Banken und Versicherungen / Kundendienst

✓ Kann über Landschaften und Reisen sprechen.
✓ Kann über das Klima und Wetter in Deutschland und seinem / ihrem Heimatland sprechen.
✓ Kann etwas vergleichen.

Das Thema Reisen ist für unsere Leute nicht so interessant. Ihre größte Reise war die Flucht, die liegt hinter ihnen, und jetzt geht es erst mal ums Ankommen. Urlaub ist ein Begriff aus einer anderen Welt, und wenn sie vom Verreisen träumen, dann ist es die Reise eines Tages zurück nach Hause, die Familie sehen. Fahrpläne studieren müssen sie auch nicht, denn Zugfahren können sie sich nicht leisten. Eine Fahrt mit dem Fernbus nach Italien, Griechenland oder Spanien, um die Papiere zu verlängern, das sind die Reisen, die bei manchen anstehen. Aber da müssen sie am Schalter keine Informationen erfragen. Den Fernbus buchen sie mit dem Smartphone. Trotzdem sind sie ganz schön weit rumgekommen, wie Mark Twain ›Zu Fuss durch Europa‹, und sie sprechen auch mehrere Sprachen, so für den Reisebedarf.

Als eines Tages ein sehr junger TN aus Syrien bei uns im Unterricht auftaucht, ein Kind in meinen Augen, versuche ich rauszukriegen, wie alt der Junge ist. Ich nenne mein Alter, schreibe die Zahl an die Tafel. Ich zähle an den Fingern bis zwanzig – aber wir kommen einfach nicht weiter, und andere arabischsprachige TN waren an dem Tag nicht da. Da spricht Mahamoud ihn an und verkündet:

»Er ist dreizehn Jahre alt.«

»Mahamoud, du kannst auch Arabisch?«

»Nur ein bisschen«, sagt er bescheiden.

»Wie kommt's? Wo hast du Arabisch gelernt?«

So erfahre ich, dass er fünf Jahre in Libyen gearbeitet hat, dort eine Arbeit und sogar ein Haus hatte, dass Gaddafi ein guter Mann war, und dass er im Zuge eines Abkommens von Libyen nach Italien gekommen war und jetzt auch mit Hilfe eines Wörterbuches Italienisch lernt, was er eigentlich schöner findet als Französisch (was man neben Bambara in seiner Heimat Mali spricht). Der kleine Junge war von seinem Onkel, der im Vorkurs saß, zu uns mitgenommen worden. Am nächsten Tag konnten wir ihm und seinem Onkel mittels der inzwischen wieder aufgetauchten englischsprechenden Syrer erklären, dass der Junge doch hier zur Schule gehen könnte. Dass es sogenannte Willkommensklassen gibt und dass sie im Heim doch mal danach fragen sollen. Aber das mit den Willkommensklassen funktioniert wohl noch nicht so gut, und der dreizehnjährige Mohammed kommt weiter in den Anfängerkurs. Die anderen TN kümmern sich sehr nett um ihn, Javier sitzt neben ihm und erklärt ihm alles, und in der Pause zeigt Mahamoud ihm, wie man Tee kocht und wo es Kekse gibt.

Beim Reisekapitel ist eigentlich der Komparativ dran. Ich variiere das Thema, und mache bei der Gelegenheit ein bisschen Werbung für mein Ursprungsbundesland Baden, das Kalifornien Deutschlands. »Es liegt im Südwesten Deutschlands«, sage ich, »an der Grenze zu Frankreich. Dort wird es früher im Jahr Frühling, es ist dort wärmer, sonniger, schöner. Die Menschen sind freundlicher, aber es ist auch langweiliger.« Die über Italien eingereisten TN frage ich: »Ist es wärmer in Italien als in Deutschland? Sind die Leute in Italien netter, freundlicher? Wo ist es besser, in Deutschland oder in Italien?« »Egal«, sagen sie gleichgültig. Andere schütteln abwägend den Kopf.

»Ohne Arbeit ist es überall schlecht«, sagt Valery in einem grammatikalisch einwandfreien Satz.

In den Lehrbüchern für Integrationskurse gibt es auch Kapitel, mit denen unsere TN überhaupt nichts anfangen können. Kundendienst? Wozu? Banken und Versicherungen? Wer keine Papiere und keine Meldeadresse hat, kann kein Konto eröffnen. Diese Kapitel lasse ich immer weg. Als großer Fan der vier Jahreszeiten und des Wetters mache ich daraus ein eigenes Kapitel. Da kann man schön die Monate sammeln, deren Namen meistens nur auf Englisch und Französisch bekannt sind und die Jahreszeiten. »Es war eine Mutter, die hatte vier Kinder, den Frühling, den Sommer, den Herbst und den Winter.« Dann kann man die Monate und das Wetter den Jahreszeiten zu ordnen. Das Wetter ist ja seit dem Altertum das Smalltalk Thema Nummer eins, und am Anfang der Stunde ist ein bisschen Smalltalk immer gut:

»Wie ist das Wetter heute?« Die Meinungen sind unterschiedlich. Der eine findet's warm, der andere kalt, der Dritte sagt, das Wetter ist gut, der Vierte meint, es wär eher schlecht, und schon ist man im schönsten Gespräch.

»Scheint die Sonne? Regnet es?«

»Keine Sonne.«

»Es ist kalt«, sagt einer.

»Es wird noch kälter«, verkünde ich.

»Der November ist sehr schlimm in Berlin! Welchen Monat magst du am liebsten?«

Dann folgt der Wetterbericht: Wie ist das Wetter so in Aleppo, in Masar-e Sharif und in Rakka und Bamako? Wärmer, schöner, besser, sonniger? Wie ist der Winter in Afghanistan, gibt es Schnee? Die Angaben widersprechen sich da. Hat es in Pakistan wirklich fünfundfünfzig Grad, oder haben die vielleicht Fahrenheit? Wer hat im Januar, Februar, März Geburtstag? Und wer ist wie alt? Zahlen kann man ja nicht oft genug wiederholen, und sie dienen auch der Erholung. Nach einer Grammatikfrustration sind ein paar Rechenaufgaben immer ganz gut. Bei den Zahlen haben es nur die arabischen TN leicht, weil sie ja eh von hinten nach vorne lesen. Bei allen anderen wird die Sechsunddreißig zur Dreiundsechzig, die Vierundsiebzig zur Siebenundvierzig. Vierzehn und Vierzig sind schwer auseinanderzuhalten, Sechzehn und Sechzig werden ständig verwechselt. und das Datum 14. September 2016 ist eine echte Herausforderung. Für etwas Heiterkeit lässt sich immer sorgen, wenn man nach dem Alter oder Geburtsjahr fragt und die Antwort in Ziffern an die Tafel schreibt.

»Was! Schon zweiundachtzig Jahre alt bist du?«

»Du bist also 1929 geboren? So ein alter Mann?«

Als ich einmal einen TN aus der südamerikanisch-kubanisch-brasilianischen Roman-Ramon-Pablo-Pedro-Ecke nach dem Alter frage, eine Dreiundsechzig höre und korrigieren will, weil ich denke, er hat die Zahl vertauscht, freut sich der Dreiundsechzigjährige so sehr, dass er einen kindisch-hysterischen Lachanfall bekommt.

»Sechsunddreißig! Sechsunddreißig! Ich bin Dreiundsechzig!«, ruft er und strahlt übers ganze Gesicht. Noch eine Viertelstunde später kicherte er weiter in sich hinein, stupst immer wieder seine Kollegen: »Sechsunddreißig!« Er ist in seiner Eitelkeit so geschmeichelt wie eine Hollywood-Diva, die für die eigene Tochter gehalten wird.

Das ist das Schöne am DaZ-Unterrichten: Alle Vorurteile und Meinungen darüber, wie Männer und Frauen, wie Afrikaner und Araber, Osteuropäer und Südamerikanerinnen, Studienräte und Geflüchtete so sind, werden abwechselnd bestätigt und wieder über den Haufen geworfen.

## Der Ausflug zum Karpfenteich

Im Sommer hatte uns eine Berliner Gemeinschaftsgarten-Initiative zu einem Besuch eingeladen, man wollte gerne mit Geflüchteten in Kontakt kommen und sie zum Mitmachen einladen. Wir freuten uns auf diesen Ausflug und wollten im Unterricht das Thema ein bisschen vorbereiten. Aber das Thema Garten ist gar nicht so leicht, wie man denkt. In den gängigen Lehrwerken zu Integrationskursen kommt der Garten gar nicht vor, da sollen die Leute schließlich lernen, wie man eine Arbeit sucht und findet, was Banken und Versicherungen sind und wie man den Müll trennt. So was wie Kultur, Literatur, Musik, Natur hat da nur am Rande Platz, wenn überhaupt. Trotz langer Recherchen konnte ich nur zwei Arbeitsblätter zum Thema finden und die waren für die Grundschule und ziemlich nutzlos. Grobe, schematische Zeichnungen: Die Hecke, das Beet, der Gartenzaun, der Gartenweg, die Wiese, der Rasen, der Rasenmäher. Im Teil ›Gartenwerkzeuge‹, sollte man den Bildern Tätigkeiten zuordnen. »Was macht man im Frühling im Garten?« Schwierig, alles sehr schwierig. Die Kollegin meinte, man könnte mit der Erklärung zu ›urban gardening‹ und ›community gardening‹ beginnen. Dieser Ansatz funktionierte aber leider überhaupt nicht.

Ich versuchte es mal anders:

»Berlin ist eine Stadt.« Großes Einverständnis.

»Eine Großstadt! Eine Hauptstadt!«, prasseln die Wortmeldungen grad so rein.

»Sehr gut. In Berlin wohnt man in großen Häusern, mit vier oder fünf oder mehr Etagen. Es gibt keine Gärten. In kleinen Städten, Dörfern gibt es einen Garten am Haus. Kennt ihr ein Dorf, eine kleine Stadt?«

»Nürnberg.«

»Nein, noch kleiner.«

»Potsdam.«

»Noch kleiner.«

Die Kollegin zeichnet ein kleines Haus und einen Garten.

»Park!«

»Nein, das ist kein Park, das ist ein Garten.«

Wie soll man jetzt den Unterschied von Park und Garten erklären? Vielleicht doch einfach mal das Arbeitsblatt für die Grundschule austeilen. Man sieht einen Rasen, einen Rasenmäher und eine Wiese mit einer Kuh.

»Was ist das?« Ich zeige auf den Rasen. Mir fällt das englische Wort nicht ein.

»Wie beim Fussball! Die Spieler spielen auf dem ...?«

Die App des pakistanischen TN weiß es:

»Lawn.« Genau! Aber jetzt der Unterschied von Wiese zu Rasen. Die Kuh frisst Gras auf der Wiese, und das getrocknete Gras wird zu Heu, das frisst die Kuh im Winter. Kein Zeichen von Verstehen in den Gesichtern. Aber auch kein großes Interesse. Sind die TN heute alle in Großstädten aufgewachsen und haben daher keine Ahnung, was eine Wiese ist?

Oder Heu? Oder was Tiere so fressen? Andererseits kenn ich einige Leute in Berlin, die nicht wissen, was der Unterschied zwischen Heu und Stroh ist. Ich mache also weiter mit dem Gartenvokabular, die Begeisterung sinkt und sinkt. Am Ende der Stunde wird mir klar, dass die südamerikanisch-kubanische Ecke verstanden hat: Wir treffen uns morgen, und dann sollen die TN uns bei der Gartenarbeit helfen. Zur Belohnung gibt es dann etwas zu essen. Die Kollegin erzählt noch mal in einfachen Worten und ganz langsam, dass es da eine Fahrradwerkstatt gibt, dass man Räder zusammenschrauben kann, dass man zusammen Beete bepflanzen und bei dem ganzen Projekt vielleicht mitmachen kann. Kein Anzeichen von Verständnis. Schließlich verkünden wir einfach: Wir machen morgen ein Picknick. Man muss schließlich nicht jede Aktivität im Unterricht kleinteilig vorbereiten.

Als wir aus verschiedenen Richtungen mit Bus, Auto und Fahrrädern am Gelände ankommen, sind alle bester Laune. Mahamoud trägt zur Feier des Tages sogar einen Anzug und eine Krawatte. Die Frau, die uns durch das Areal führen wollte, ist noch nicht da, die andern schleichen so hippiemäßig nett, ein bisschen verstrahlt und wenig verbindlich, herum. Und so sitzen unsere Mannen und Frauen ein bisschen ratlos in dem kleinen wilden Gärtlein auf dem Schrottmobiliar und wissen nicht so recht, was sie hier sollen, und wir wissen es auch nicht. Zum Glück haben wir reichlich Picknickzeugs dabei und decken den großen schiefen Tisch, suchen Wasser, Strom und Wasserkocher. Das heißt, die Kolleginnen machen das, die TN helfen, das Leiden Christi hat ja Rücken, setzt sich hin und dirigiert. Ich bin kurz davor auszuzucken, wie die Österreicherinnen so schön sagen, aber zum

Glück sagt ihm eine der Kolleginnen vorher, wir bräuchten seine Anweisungen nicht. Das Picknick kommt nur langsam in Fahrt. Unsere TN sind wie immer schüchtern und wollen nichts nehmen, bevor man sie mehrfach dazu auffordert. Aber schließlich bedienen sich alle, machen sich Kaffee und Tee, und Ramon, der auch Musiker ist, packt seine Anlage aus. Ein Wundergerät, das er auf einer Sackkarre mit sich führt, eine Mischung aus Mini-PA, Gitarrenverstärker, Radio und CD-Player. Auf jeden Fall kann er sowohl die Gitarre als auch ein Mikrophon daran anschließen, außerdem liefert das Gerät eine Art Begleit-Playback zu seinem Spiel, und zwischendurch funken ein paar Mittelwellenfrequenzen und Feedbacks dazwischen. Die technischen Probleme werden aber bald gelöst, und er spielt sehr schöne spanische Lieder; auch Lieder, die man kennt, ›Stand by Me‹ und andere Hits auf Spanisch. Das ist sehr stimmungsvoll, zwei kurdische TN führen spontan einen Tanz dazu vor, eine wahrhaft multikulturelle Idylle. Das Leiden Christi vergisst kurzzeitig den Rücken, will auch tanzen und beschwert sich dann, dass die anwesenden Frauen, eine Lehrerin aus Syrien und zwei TN, zwei junge Frauen aus Eritrea, nicht mit ihm tanzen wollen. Das läge halt an der Religion, raunt er mir zu. Der Islam – bloß kein Körperkontakt! »Vielleicht haben sie einfach keine Lust, mir dir zu tanzen«, sage ich in ganz neutralem Tonfall. Wenn er selbst nicht auf die Idee kommt oder bedenken kann, dass es in Syrien – Islam hin oder her – einfach nicht üblich ist, dass Frauen und Männer miteinander tanzen, oder dass ein achtzehnjähriges Mädchen aus Eritrea nicht unbedingt mit dem sechzigjährigen Leiden Christi tanzen will, dann muss ihm das ja mal jemand sagen. Ramon hat ein bisschen Schlagwerk, Perkussioninstrumente und

Klanghölzer mitgebracht, und entgegen des gängigen Klischees interessieren sich die westafrikanischen TN überhaupt nicht dafür. Aber die Afghanen sind total begeistert, reißen sich förmlich um die Klanghölzer und formieren sich ums Mikrophon. Dabei stellen sie sich aber so unbeholfen und unrhythmisch an, dass Ramon ihnen die Dinger entnervt wieder aus der Hand nimmt und sie an Seniorboy übergibt. Der klöpfelt beflissen, den Takt haltend, aufmerksam beim nächsten Song mit. Schließlich greift Saliou doch ein und zeigt ihm, dass man das Schallloch eher nicht mit der Hand verdeckt. Alle lachen, alles ist prima, nur die eritreische Gruppe sitzt ein bisschen verloren am Rande unserer Ausflugsgesellschaft. Sie können weder Englisch noch Französisch, ihnen nützt die Übersetzung ins Arabische und in Dari nichts, sie verstehen kaum Deutsch. Sie sprechen Tigrinya – eine semitische Sprache mit äthiopischer Schrift. Was kann man da machen? Wenn die Sprache nicht funktioniert, kann man noch Kekse anbieten und Kaffee einschenken und ihnen aufmunternd zulächeln, sie lächeln dann voller Zustimmung zurück und freuen sich. Aber mehr ist nicht drin.

Dann kommt endlich doch unser Gartenguide und will uns durch das Areal führen. Alles stiebt davon, und der Tisch mit dem Essen, dem Schafskäse, Joghurt und der Schokolade bleibt in der prallen Sonne stehen. Jetzt bräuchte ich jemanden, der mir hilft, den Tisch aus der Sonne in den Schatten zu stellen, aber nur noch Ramon, der Sänger, und die Eritreerinnen sind da. Das gar nichts Verstehen hat wie immer auch etwas Lustiges. Es ist wie in einem absurden Theaterstück. Ich zeige auf die Sonne und die schmelzenden Schokoladenkekse; versuche pantomimisch den Tisch allein zu bewegen, deute auf den schattigen Platz unter einem Baum.

Die Leute schauen mich an, als wär ich verrückt geworden. Aber nach einer weiteren Performance hat Ramon eine Erleuchtung: »Ah, Sombra!« Klar, da fällt es mir auch ein, Sombra, Schatten, wie Sombrero! Und das verstehen jetzt auch die Eritreerinnen: »Ombra«, rufen sie. (Seit der italienischen Kolonialzeit finden sich auch einige italienische Worte in der Tigrinya-Sprache). Alle springen auf, wollen anpacken und diensteifrig den Tisch in den Schatten stellen. Weil man sich vorher aber nicht über die Richtung geeinigt hat, zerren alle an dem morschen, wackligen Ding herum. So fallen während der Räumaktion ein paar Stuhlbeine ab, die aber ein anderer fix aufsammelt und am Ende wieder unter den Tisch stellt.

Unter viel Gelächter steht der Tisch zwar leicht windschief deformiert, aber im Schatten, und wir schließen uns der Gartenbegehung an. Die Führung hat sich auf dem Gelände inzwischen etwas verträpfelt. Es werden Leute gesucht, die uns was über die Fahrradwerkstatt oder den Garten sagen könnten, die sind aber grad nicht da oder kommen später. Einer vom Gartenprojekt wird gefunden, der ist aber sehr schüchtern und spricht nur so ganz leise in sich hinein, was keiner hören, geschweige denn verstehen kann. Wie soll denn jetzt unseren TN klarwerden, dass man hier irgendwie einsteigen und mitmachen könnte? Der gute Wille, »was mit Geflüchteten« machen zu wollen, reicht eben nicht aus. Man kann nicht zu unseren TN sagen, sie sollen einfach herkommen und mitmachen. Man muss verbindliche Zeiten ausmachen. Vielleicht muss man sie das erste Mal auch begleiten. Sie werden nicht alleine hierherkommen und ein bisschen rumhängen und dann selbständig anfangen, die Beete zu bearbeiten oder an Fahrrädern rumzuschrauben. Community gardening, das wird mir langsam klar, ist vielleicht nicht unbedingt was für Geflüchtete. Bis man Interesse daran entwickeln kann, irgendwo ein Beet anzulegen und Gemüse oder Blumen zu pflanzen, müssen zuerst ziemlich viele andere Sachen geklärt sein. Zum Beispiel Grundbedürfnisse wie Wohnen und ein sicherer Aufenthalt. Außerdem ist ja inzwischen wissenschaftlich bewiesen, dass Menschen erst – wenn überhaupt – mit fünfunddreißig anfangen, sich fürs Gärtnern und Pflanzen an sich zu interessieren. Also normale Menschen, nicht irgendwelche Berliner Hipster, die mal zwischendurch kurz seed bombs werfen und guerilla gardening aweseome finden. Gibt man einem Menschen unter dreißig zum Beispiel eine Pflanze oder gar einen ganzen Balkon in die Obhut, tritt sofort der berüchtigte braune Daumen in Aktion, und alles vertrocknet oder geht ein.

## Desillusionierung

Sprachunterricht ist immer Abschied, hatte unsere Ausbilderin in der Sprachschule gesagt. Und so ist es auch: Kaum hat man die TN ins Herz geschlossen, verliert man sie. Im günstigsten Fall, weil sie eine Aufenthaltserlaubnis, eine Wohnung, einen richtigen Kurs bekommen. Oder sie müssen wieder nach Italien oder Spanien reisen, Stempel holen. Andere sind eines Tage einfach weg. Man weiß nicht, wo. Vielleicht abgeschoben? Umgezogen? Krank? Keine Lust mehr? Immerhin kommen manche nach Wochen wieder zu

Besuch vorbei, erzählen dann auch von anderen Kursen. Ahmed hat einen Integrationskurs gefunden. Langweilig sei's da, nur Grammatik, kein Englisch wird gesprochen, kein Arabisch. Immer nur Grammatik, Grammatik, und dann auf der Straße könne man nichts sagen. Bei uns wär es viel besser gewesen, sagt er. Das hört die Nachwuchs-DaZlerin gern, aber Tatsache ist, dass er jetzt schon viel flüssiger spricht, in ganzen, strukturierten Sätzen. Er hat viel gelernt, er hat es nur noch nicht gemerkt. Den weiteren Lebensweg kann man bei manchen TN dank Facebook verfolgen. Sie scheinen sich gut »integriert« zu haben. Zur EM 2016 sind sie von oben bis unten in Deutschlandfarben gekleidet und mit sämtlichen schwarzrotgoldenen Fanartikeln behangen. Andere sehe ich auf Fotos mit ihrem neuen Deutschkurs vor dem Pergamonmuseum oder, wenn es wieder einen Anschlag gegeben hat, vor dem Brandenburger Tor, das aus Solidarität in den Flaggenfarben des jeweiligen Landes angestrahlt wird.

Zwischendurch zweifle ich immer wieder an dem Sinn unseres Deutschkurses. An manchen Tagen denke ich, es ist eigentlich ganz sinnlos, was wir da machen. Es ist praktisch unmöglich, eine Struktur in den Unterricht zu bringen. Jeder Tag andere Lehrerinnen, andere Teilnehmer. Noch nicht mal das Protokoll schreiben klappt, und ich weiß oft nicht, was am Tag vorher gemacht wurde. Ob ich heute wieder »Ich komme aus« oder »Ich heiße« und erste Verben machen muss oder ob man mal so langsam das Perfekt einführen könnte. Den Sinn von Büchern sieht außer mir keiner. Die Bücher müssten natürlich in der Schule bleiben und die TN dürften nichts reinschreiben, aber man könnte sich an das Buch halten und die Kolleginnen nach dem Unterricht per Mail darüber informieren, was man gemacht hat, wie weit man gekommen ist. Aber alle wollen so weitermachen wie bisher. Sollte ich mir vielleicht doch einen anderen, besser strukturierten Kurs suchen? Ich habe die Älteren aus dem Team im Verdacht, dass sie einfach die Materialien, die sie seit Jahren im Deutschunterricht an Sekundarschulen verwenden, weiter recyceln wollen. Und die noch im Schuldienst Aktiven sind vielleicht auch mal froh, sich an keine Pläne und kein Lehrwerk halten zu müssen. Wenn ich beim Teamtreffen die ausbleibenden Mailprotokolle anspreche, gelobt man halbherzig Besserung. Aber eigentlich sei es doch auch egal, was vorher gemacht wurde, weil am nächsten Tag unter Umständen wieder ganz neue TN da wären, und die aus der vergangenen Stunde erst in zwei Wochen wiederkämen. Die Kolleginnen sind wie immer viel positiver als ich:

»Flexibilität ist gefragt. Jeder Input ist gut, unser Kurs ist doch auch ein Trost für die TN und sehr wichtig!«

Ich bin aber keine Optimistin, ich bin Melancholikerin und sehe in allen Dingen zuerst die Schwierigkeiten. Ich sehe aber auch, dass die Kolleginnen viel Zeit opfern und enthusiastisch sind und was Gutes wollen und dass der Unterricht schon besser würde, wenn wir uns wenigstens minimal absprechen würden. Das sehe ich und kann es nicht ändern.

Aber dann kommen wieder zwei Leute, ein bisschen verängstigt, eine russische Familie mit einem jungen Mann – vielleicht ihrem Sohn? –, der noch keine Aufenthaltserlaubnis hat, oder zwei afghanische junge Männer ohne »Bleibeperspektive« oder eine syrische Lehrerin, die keinen Platz in einem Integrationskurs bekommen hat, weil ihr irgendein Papier fehlt. Sie alle sind gestresst und unsicher und sagen: »No Papers«, und schauen betreten, und wenn ich dann antworten kann: »Das ist egal, ihr könnt einfach vorbeikommen. Wir brauchen keine Papiere, keine Anmeldung, bringt etwas zu schreiben mit« –, und die Erleichterung in ihren Gesichtern sehe, dann bin ich sehr glücklich und auch ein bisschen stolz darauf, bei diesem »offenen Kurs« mitzumachen. Und wenn wir es dann mal schaffen, einen Ausflug zu organisieren, und ich unsere Truppe als teilnehmende Beobachterin, aber aus der Distanz sehe, diesen zusammengewürfelten Haufen, die Lehrenden aller Styles zwischen fünfundzwanzig und achtundsiebzig und unsere Teilnehmer aus bis zu achtundzwanzig verschiedenen Ländern – Afghanistan, Pakistan, Russland, Irak, Iran, Syrien, Nordamerika, Israel, Marokko, Tunesien, Moldawien, Polen, Ukraine, Slowenien, Burkina Faso, Ghana, Mali, Kamerun, Elfenbeinküste, Eritrea, Togo, Senegal, England, Frankreich, Kolumbien, Slowenien, Kuba, Brasilien – anschaue, dann denkt sogar die Melancholikerin: Ich hätte es nicht besser treffen können.

Und einen Vorteil hat ja das ständige Neuanfangen: Die Lehrerin kann auch immer wieder von vorne anfangen. Wer zum Beispiel am Anfang versäumt hat, richtig zu erklären, was ein Verb ist, weil es in der Situation sinnlos und überfordernd schien, wird unter Umständen bald merken, dass man ohne das Wissen um das Verb nicht weit kommt. Ganz so sinnlos ist es halt doch nicht, den TN relativ früh einzutrichtern, dass das visualisierte, also umkringelte Verb im Hauptsatz immer an zweiter Stelle steht. Vor allem, wenn es bei den Modalverben dann plötzlich am Ende des Satzes steht, weil das Modalverb an zweiter Stelle steht, oder wenn es getrennt und auf Platz zwei und ans Satzende verteilt wird. Oder wenn es um die Satzstellung geht oder Nebensätze auftauchen. Soweit wird es zwar im Anfängerkurs nie kommen, aber bei einem fortlaufenden Kurs sind die Anfangsversäumnisse der Kursleiterin schwer wiedergutzumachen. Bei ständig neuen TN und einer immer wieder neu besetzten Klasse wiegen die eigenen Anfängerfehler nicht ganz so lange fort. Für eine Nachwuchs-DaZlerin eigentlich ganz gut.

Jamal und Fahim können jetzt richtige Kurse bei der Volkshochschule machen – und wurden dort immerhin auf das Niveau A2 und B1 eingestuft! Es wurde in unserem immer wieder improvisierten Unterricht also auch was gelernt. Jamal kommt uns besuchen. »Die neue Schule ist sehr gut«, sagt er. Er hat ein eigenes Lehrbuch, und sie machen gerade die Geschichte von der Stadtmaus und der Feldmaus. Ich bin ganz begeistert, weil es zu meiner Leselernzeit in der Grundschule meine Lieblingsgeschichte war. In der Geschichte kommt die Stadtmaus zu ihrer Freundin, der Landmaus, zu Besuch und rümpft die Nase über das einfache Essen auf dem Land und gibt arg mit ihrem Stadtleben und den Köstlichkeiten in der Speisekammer an. Sie lädt die Landmaus zu sich ein, aber es stellt sich raus, dass man das feine Essen in der Stadt gar nicht genießen kann, weil die Mäuse dort in ständiger Angst vor Verfolgung leben. So zieht die Landmaus ihr einfaches, aber friedliches Leben dem kulinarisch interessanteren der Stadtmaus vor. Die biedere Moral der Geschicht' – ungefähr das Gegenteil vom »no risk, no fun«-Gebot – war mir in der Grundschule gar nicht so aufgefallen. Aber Jamal erzählt die Geschichte ganz anders: Die Stadtmaus wohnt jetzt im Internetcafé und ein Blind Date geht nach hinten los. Als Jamal bei uns im Vorkurs anfing, konnte er kein Wort Deutsch. Und jetzt erzählt er mir die Geschichte von der Stadtmaus und der Landmaus! Er spricht gut Englisch, und wenn wir im Unterricht nicht weitergekommen sind, hat er immer für seine Landsleute Englisch-Dari übersetzt. Er hat in seiner Notunterkunft, im Schlafsaal mit zwanzig anderen Männern mit verschiedenen Smartphone-Apps, weitergelernt und hat Judith bei ihrem Alphakurs zuerst als Übersetzer, dann als Hilfslehrer assistiert. Ich ertappe mich dabei, wie ich schon wie eine alte Lehrerin denke: Ja, ja – die, die immer zum Unterricht kommen und auch Hausaufgaben machen, die lernen auch was, die kommen weiter. Ob man in einem Integrationskurs ständig solche Fortschritte sieht? Immerhin begleitet man die Leute ein dreiviertel Jahr, sie haben jeden Tag mehrere Stunden Unterricht, bekommen ein Lehrbuch, ein Arbeitsbuch, Sprach-CDs. Da lernen die TN vielleicht wirklich etwas, und es ist auch für die Kursleiterin befriedigender, wenn auch das ganze Drumherum bestimmt nicht so nett ist wie bei uns. Eva ist von ihrer Arbeit im Integrationskurs nach drei Monaten schon recht desillusioniert und rät mir ab. Ob jemand was lernt, interessiert keinen. Die TN nicht, den Träger interessiert nur das Geld, dass er vom BAMF bekommt, das BAMF interessiert nur, ob die vielen Regeln eingehalten werden, und ob man so tun kann, als hätte man etwas für die Integration getan. So viel Zeit geht mit dem Sammeln von Anwesenheitslisten, Unterschriftslisten drauf. Die Kursleiterin wird erst dann bezahlt, wenn alle Teilnehmer Entschuldigungen für Fehlzeiten abgegeben haben. Sind die nicht da, gibt's auch kein Geld. Die Hälfte der TN würde am Ende bei der Prüfung eh durchfallen.

»Aber es muss doch auch nett sein mit den Kolleginnen«, sag ich.

»Die Kolleginnen sind nett«, sagt sie, »aber total gestresst, du kriegst nichts von ihnen mit. Sie kommen in letzter Minute von einem anderen Job, sie hetzen von Kurs zu Kurs, rennen zum Kopierer, in der Pause füllen sie schnell die Listen aus, und nach dem Abendunterricht sind sie schnell wieder raus. Die Bezahlung ist so schlecht – wenn man davon leben muss, sich selbst versichern, muss man viele Kurse bei verschiedenen Trägern in der ganzen Stadt geben. Nur nicht krank werden. Bei Krankheit hat die Honorarkraft selbstverständlich keinen Anspruch auf Krankengeld. Man schleppt sich also auch mit heißem Kopf und leichtem Fieber zum Kurs. In der kursfreien Zeit im Sommer und an Weihnachten, an Feiertagen und an Ostern gibt es natürlich kein Geld, da muss man in der restlichen Zeit vorarbeiten.«

Eine Kollegin sei letzte Woche, als das Türschloss beim Abschließen klemmte, in Tränen ausgebrochen vor lauter Stress und der Vorstellung, eine Minute länger als nötig dort bleiben zu müssen. Ich kann mir das alles nicht vorstellen, erzähle von unserem Kurs – wie nett es in unserem Team ist und wie freundlich und – ein dummes Wort – dankbar die TN sind.

»Dankbarkeit darfst du bei einem Integrationskurs nicht erwarten«, sagt Eva.

»Eva – das kann nicht sein – warum sind dann bei mir alle so goldig und nett? Nur weil sie freiwillig zum Kurs kommen, weil sie es selbst wollen? Weil sie noch neu hier sind, noch traumatisiert und es sich noch gar nicht erlauben können, mal schlechtgelaunt oder unfreundlich zu sein? Weil die Leute, die länger hier sind, schon zu deutsch und zu frustriert sind? Ist es denn nie ein bisschen lustig in deinem Kurs?«

»Es gibt auch nette Momente«, sagt sie. »Im Nachmittagskurs ist einer, der geht immer zu Lidl und kauft Getränke und Salzstangen für alle. Der kugelrunde albanische Autohändler ist nett, kommt jedes Mal mit einem anderen Mercedes und will mir ein Auto andrehen.«

Trotzdem will ich in einem staatlichen Integrationskurs arbeiten. Dabei ist der Begriff der Integration schon zweifelhaft und die öffentliche Diskussion um Integration auch arg verlogen. Für viele hier bedeutet »integrieren« nichts anderes als »zum Deutschtum erziehen«, »assimilieren«. Die Geflüchteten sollen sich anpassen, sie sollen ganz deutsch werden, aber gleichzeitig macht man ihnen überall in Deutschland klar, dass sie unerwünscht sind. Sie sollen einfach weggehen, am besten, sie wären gar nicht hergekommen. In den Nachrichten und Politikerreden ist immer von der großen Aufgabe der Integration die Rede. Durch die Berichte meiner integrativ tätigen Freundinnen weiß ich ja, dass es bei den Integrationskursen um alles Mögliche geht, aber nicht um Integration, von der sowieso keiner genau weiß, was damit eigentlich gemeint ist. Es geht um einen Sprachkurs in sechs Modulen, der von verschiedenen Trägern, Sprachschulen, Vereinen und den Volkshochschulen angeboten wird. Ein Kurs, der sich als Geschäftsmodell für den Träger auch lohnen muss und der für die Teilnehmer im besten Fall mit einer Prüfung und einem Zertifikat B1 endet, die Voraussetzung für den Einstieg ins Arbeitsleben. Das BAMF überprüft die Wirksamkeit der Integrationskurse regelmäßig mit dem »Integrationspanel«, einer empirischen Längsschnittstudie. Man ist zum Ergebnis gekommen: Integrationskurse sind wirksam und nachhaltig. Die Kursteilnehmer gehen gestärkt daraus hervor und bewerten den Kurs positiv. Sie geben an, nach Kursende mehr Kontakt zu Deutschen zu haben und sich nach dem Kurs besser in Deutschland zurechtzufinden. Eine Mehrzahl kann sich um ein Sprachniveau (also zum Beispiel von A1 zu A2) verbessern. Auch wenn die Durchfallquote hoch ist, so ist es doch das einzige Instrument, das im Moment da ist, um den Leuten zumindest die Grundlagen der deutschen Sprache zu vermitteln. Und man könnte ja auch als Kursleiterin im Integrationskurs auf die verschiedensten Menschen aus verschiedenen Ländern treffen, sie beim Deutschlernen unterstützen und dabei sogar noch Geld verdienen. Ein Traumjob.

Im September 2016 schlug die Karlsruher Soziologin Anette Treibel ›Integrationskurse für alle‹ vor. Auch die Deutschen sollten Kurse zum Thema »Integration – wie geht das?« besuchen. Denn selbst nach Jahrzehnten, in denen Deutschland ein Einwanderungsland sei, gebe es bei den Einheimischen erhebliche Defizite, und viele Deutsche verschlössen sich gegen aktuelle Veränderungen. Einwanderung sei aber nun mal ein wichtiges Element moderner Gesellschaften. Selbst in Deutschland geborene und aufgewachsene Menschen, die nicht biodeutsch aussehen, werden immer noch gefragt, woher sie kommen und im besten Falle dafür gelobt, dass sie so gut Deutsch sprächen. Die Kategorie »Ausländer« greift aber nun mal für viele Menschen, die hier leben, nicht mehr.

Im Winter 2015, noch bevor es überhaupt Kurse für Geflüchtete gab, als man gerade anfing, Geflüchteten unter bestimmen Voraussetzungen – und auch nur Menschen aus bestimmten Ländern, und sowieso nur wenn es noch freie Plätze gab –, Zugang zu Integrationskursen zu gewähren, forderte die CDU vorauseilend schon mal strengere Auflagen für Geflüchtete und Sanktionen gegen »Integrationsverweigerer«, also gegen Leute, die nicht Deutsch lernen wollen. Die Regierung habe »immer den Eindruck vermittelt, Geflüchtete müssten zum Spracherwerb gezwungen werden«, kritisierte die Linke-Abgeordnete Sevim Dagdelen, dabei reiche das Sprachkursangebot »offenkundig bei weitem nicht aus«. Dagdelen stellte im Bundestag mehrere Anfragen zum Thema am 23. September 2016 in einem Zeit-Interview: »Bis heute kann Innenminister Thomas de Maizière keinerlei Belege für eine angebliche Integrationsunwilligkeit von Migranten oder Flüchtlingen vorlegen«, sagte sie. De Maizière hatte sich im September 2015 auch darüber beschwert, dass sich Geflüchtete nicht registrieren, dabei konnte man sich in Berlin nur mit Glück und wochenlanger Wartezeit vor dem LAGeSo registrieren. Er wunderte sich öffentlich darüber, dass Geflüchtete sich in ein Taxi setzen und zu ihren Verwandten fahren, statt Tag und Nacht vor einer dysfunktionalen Schreckensbehörde anzustehen. Er wunderte sich, woher sie das Geld fürs Taxi haben, anscheinend ist es ihm unbekannt, dass die ganz Armen gar nicht zu uns kommen können und dass manche ihr ganzes Hab und Gut versetzt haben, um hier einen Neuanfang zu versuchen. Er behauptet, viele »falsche Syrer« wären hier – Menschen, die sich als Syrer ausgeben würden, aber aus anderen Ländern kommen, das kann auf Anfrage von keiner Behörde bestätigt werden. Monate später wird er die Ärzte rügen, die zu vielen Geflüchteten ein Trauma diagnostizierten und sie als nicht abschiebefähig einstuften. Er wünscht sich mehr Verständnis für Abschiebungen in der Bevölkerung. Nur dass einer ein netter Nachbar ist oder gut Fußball spielt, so sagt er, hieße nämlich noch lange nicht, dass er hierbleiben könne. Wenn Politiker wie er sich öffentlich so äußern, kann das zu einer Antistimmung in der Bevölkerung beitragen. Integration heißt beim Bundesinnenminister, dass Verbote und Regeln aufgestellt werden, dass man Geflüchtete aber gar nicht fragt, was sie wollen, denn sie haben erst mal nichts zu wollen. Die Geflüchteten, die ich kennenlernen konnte, wollten alle ungefähr das Gleiche: Sicherheit, Arbeit, eigenes Geld verdienen, eine Wohnung, Unabhängigkeit. Würde man dafür die Voraussetzung schaffen, dann könnten sie sich von selbst integrieren. Sie könnten hier mit anderen leben, arbeiten, Kollegen und Nachbarn haben. Mitkriegen, was hier so läuft und wie das alles funktioniert. So wie es auch Deutsche machen, die ins Ausland gehen und dort keinen Integrationskurs machen, sondern dort arbeiten, und der Rest kommt. Aber die werden dann ja auch Expats genannt. Aber das verhindert man ja. Wie soll man sich denn integrieren, wenn man jahrelang in Notunterkünften wohnt und nicht arbeiten darf?

## Das Vorstellungsgespräch

Tatsächlich habe ich eine Antwort auf meine Bewerbungen bekommen, ich hatte ein wenig geflunkert und geschrieben, das Zertifikat vom BAMF sei praktisch auf dem Weg. Nach meinem Unterricht bei den Geflüchteten mache ich mich also zum Vorstellungsgespräch auf den Weg nach Neukölln. In einer kurzen Straße im Berliner Bezirk Neukölln residieren gleich drei verschiedene Firmen, die Integrationskurse im Erdgeschoß in ehemaligen Ladenwohnungen anbieten.

Trotz der Aufregung, schließlich ist es mein erstes Vorstellungsgespräch seit über dreißig Jahren, finde ich den richtigen Verein, mir ist ganz feierlich zumute. Es läuft prima, die Leiterin ist mir sympathisch. Sie sucht dringend jemanden, der einen Kurs übernimmt. Ich scheine nicht zu alt oder zu wenig erfahren für den Job zu sein. Ich erzähle von unserer Deutschkurs-Initiative, von den Lehrbüchern, mit denen ich gerne arbeite, und von den UMFs. Sie bietet mir einen Alphakurs an – obwohl ich keine Erfahrung, keine Ausbildung dafür habe –, was mich ein bisschen stutzig macht. Aber auch einen Anfängerkurs kann ich sofort übernehmen, einzig die Sache mit den Papieren müsse man noch klären. Ich weise mein Zertifikat der Sprachschule vor. Sie ruft beim BAMF an. Die Behörden seien überfordert und arbeiteten recht langsam, sagt sie, aber die Mitarbeiterinnen selber wären hilfsbereit und nett. Mein Name ist aber noch nicht im System erfasst, ich habe den Brief vor sechs Monaten abgeschickt. Es heißt zwar, es gebe Ausnahmen, aber wenn kein Antrag da ist, keine Nummer, keine Bearbeitung, dann ist nichts zu machen. Wer im System noch nicht mal erfasst ist, der kann nicht fürs BAMF arbeiten. Es ist frustrierend: Ich brauche einen Job, habe die Qualifikation dafür, der Träger braucht Leute für die Integrationskurse, würde mich gerne einstellen, aber es geht nicht. Eine Loose-Loose-Situation. Der Kurs kommt nicht zustande, die Firma verliert Geld, und ich verdiene auch nix. Ich habe eine Ausbildung gemacht, man will mich einstellen, ich bräuchte den Verdienst – aber es geht nicht. Ich stelle es mir so vor wie im berüchtigten LAGeSo: Im BAMF lagern in mehreren Zimmern Waschkörbe voller Anträge, vielleicht schon alphabetisch oder nach Eingang geordnet. Mein Antrag liegt in einem Korb in einem der hinteren Zimmer, oder ist er irgendwie verlorengegangen? Von Anrufen bittet man abzusehen, schärft man den zukünftigen Integrationsfachkräften auf der BAMF-Seite ein. Zwei Monate später bekomme ich die Bestätigung, mein Antrag ist angekommen und wurde abgelehnt. Was sich für einen rational denkenden Menschen erst mal negativ anhört, ist unter BAMF-Bedingungen der Startschuss für meine Integration ins Arbeitsleben. Wer abgelehnt wurde, ist immerhin schon mal im System erfasst. Als ich mich vor acht Monaten beim BAMF beworben hatte, hatte ich ja die Zusatzausbildung noch nicht begonnen. Die Bescheinigung über die erfolgreich abgeschlossene Ausbildung habe ich vor sechs Monaten abgeschickt. Sie liegt noch irgendwo in einem Postkorb. Da es aber eine neue Regelung gibt, dass Leute, die zwar ein Studium, aber keine Zusatzausbildung haben, bis zum Ende des Jahres trotzdem in Integrationskursen arbeiten können, wenn sie sich verpflichten, den Kurs nachzuholen, kann ich wirklich anfangen. Obwohl ich den Kurs nicht nachholen muss, weil ich ihn ja schon habe, aber über die Paradoxien einer irren Bundesbehörde darf man nicht allzu lange nachdenken, man wird sonst verrückt. Hauptsache, ich kann jetzt einen Job suchen und meine Integration ins Arbeitsleben in Angriff nehmen.

# Zusammenleben und Feste

✓ Kann über Feste und Feiertage sprechen und Texte über Feste
  verstehen.
✓ Kann Glückwünsche formulieren.
✓ Kann Einladungen verstehen und schreiben.


Nach einem Jahr Deutschstunden mit Geflüchteten kann
ich sagen: Die Ausflüge und Feste waren am schönsten.

Der erste Ausflug fand kurz nach meinem Einstand, in
der heißen Phase, statt. Täglich kamen neue TN aus Syrien,
wir hatten manchmal dreißig Leute und mehr in den Kursen, die Stühle reichten nicht, und die Leute saßen auf den
Fensterbänken und lehnten an den Wänden. Für mich war
noch alles neu, und ich war auf unseren Ausflug gespannt.
Seniorboy hatte diesen Ausflug seit Monaten geplant und
alle seit Wochen mit seinen gefürchteten meterlangen
Mails über den Stand der Dinge auf dem Laufenden gehalten. Bosnische Frauen, die er einst in Integrationskursen
unterrichtet hatte, hatten unsere TN eingeladen, in einen
Gemeinschaftsgarten am Rande eines Berliner Parks zu
kommen, sie wollten für unsere Leute kochen. Eine ganz
schöne Geste: Die Frauen, die im Jugoslawien-Krieg selbst
als Geflüchtete nach Berlin gekommen waren, wollten nun
den neuen Geflüchteten Mut machen und zeigen, dass es
funktionieren kann mit dem Deutschlernen und dem Leben
im neuen Land. Auf meiner ersten Teamsitzung ging es nun
um den Ausflug, um die Finanzierung der U-Bahn-Tickets

für unsere TN um ein Gastgeschenk, und um ein Lied, das dort im Garten gesungen werden sollte. Ich bemerkte eine kleine Spannung, als es um die Liedauswahl ging, fühlte mich aber als Musikerin auch zuständig und schlug passend zum Ausflugsziel ›I never promised you a rose garden‹ vor. Das sei schön, aber nicht ganz so gut, weil Englisch, befand man. Klar, wir sind ja auch ein Deutschkurs. Ich warf Hildegard Knefs ›Für mich soll's rote Rosen regnen‹ in die Runde, das fand allgemeinen Zuspruch. Am selben Abend suchte ich noch den Text und die Gitarrengriffe einer vereinfachten Version und das passende YouTube-Video raus und schickte es dem Chorleiter. Prompt kam die sorgfältig formulierte, überaus höfliche, aber auch klare Ansage: Das Lied sei wirklich wunderschön, aber für unsere Sänger doch leider viel zu schwer. Sehr viel besser eigne sich da doch das sehr bekannte Mozartlied ›Sehnsucht nach dem Frühlinge‹ aus dem Jahre 1791, heute noch sehr bekannt unter dem Titel ›Komm lieber Mai und mache‹. Das schien mir, wie vielleicht anderen Popmusik-sozialisierten Menschen auch, erst einmal eine bizarre Liedauswahl für einen Chor mit Deutschanfängern. Für einen »alten Pauker«, wie sich Seniorboy auch gerne selbst nennt, liegt ein Mozartlied für Geflüchtete aber total nahe. Denn auch das gehört zu den »alten Methoden« der Grammatik-Übersetzungs-Methode: Das Beschäftigen mit authentischen fremdsprachlichen Texten ist erst nach langwieriger Grammatikarbeit vorgesehen. Werden dann fremdsprachliche Texte behandelt, so sind dies grundsätzlich Texte der gehobenen Kultursprache, hervorragende literarische Zeugnisse aus der Fremdsprache. Das Ziel des Fremdsprachenunterrichts bei der Grammatik-Übersetzungs-Methode besteht nämlich vornehmlich darin, die Lernenden geistig zu bilden. Sie sollen mittels kognitiver Anstrengungen die Regularitäten der fremden Sprache auswendig und sodann ihre Hochkulturerzeugnisse kennenlernen, sich auf diese Weise gleichsam selbst bilden. Ich fand das Mozartlied auch schön, immerhin ist ›Sehnsucht nach dem Frühlinge‹ ja eines der seltenen Beispiele von Kunstliedern, die durch ihre breite Rezeption zu echten Volksliedern, also frühen Popsongs, wurden. Dann lernen die Syrer halt in ihren ersten Wochen hier gleich mal ein bisschen die deutsche Hochkultur kennen. Beim Text wurde natürlich nicht die vereinfachte Kinderlied-Version, sondern der Originaltext von dem Dichter, Juristen und späteren Lübecker Oberbürgermeister Christian Adolf Overbeck gewählt. Er wurde erstmals im Jahr 1776 unter dem Titel ›Fritzchen an den May‹ veröffentlicht. Eine geänderte Textfassung mit dem Titel ›Sehnsucht nach dem Frühlinge‹ gab Joachim Heinrich Campe in seiner ›Kleinen Kinderbibliothek‹ heraus. Die Fassung diente Mozart als Grundlage seiner Vertonung. Ich fand es zunächst ein bisschen schwierig, den TN – die Mehrzahl konnte noch keinen geraden Satz auf Deutsch sagen – mit einem Liedtext aus dem 18. Jahrhundert zu kommen, aber Seniorboy ging unbeirrt ans Werk. Zuerst deklamierte er alle fünf Strophen, bevor er die einzelnen Strophen in Sinnabschnitte einteilte, Worte erklärte und ins Englische übersetzte. Leider sprachen von den TN die wenigsten Englisch, so dass dann noch vom Englischen ins Arabische übersetzt werden musste, die armen französisch-, spanisch-, dari-, farsi-, urdu-, triginisch Sprechenden blieben leider außen vor. Man hätte, rein theoretisch, an dieser Stelle über die vier Jahreszeiten sprechen können, über den langen Winter in Deutschland, die kurzen Tage, das fehlende Licht, Eis und Schnee, und darüber, wie sich die Menschen hier seit alters her auf den Mai freuen. Aber es mussten ja so viele Worte erklärt werden.

»Komm, lieber Mai, und mache
die Bäume wieder grün,
und lass mir an dem Bache
die kleinen Veilchen blüh'n!
Wie möcht' ich doch so gerne
ein Veilchen wieder seh'n!
Ach, lieber Mai, wie gerne
einmal spazieren geh'n!

Zwar Wintertage haben
wohl auch der Freuden viel;
man kann im Schnee eins traben
und treibt manch' Abendspiel;
baut Häuserchen von Karten,
spielt Blindekuh und Pfand,
auch gibt's wohl Schlittenfahrten
aufs liebe freie Land
Doch wenn die Vögel singen,
und wir dann froh und flink
auf grünem Rasen springen,
das ist ein ander Ding!
Jetzt muss mein Steckenpferdchen
dort in dem Winkel stehen,
denn draußen in dem Gärtchen
kann man vor Kot nicht geh'n.«

Ich wunderte mich, wie der unschöne »Kot« in dieses liebliche Maienlied geraten war. Zu Hause schaute ich im etymologischen nach, das Wort wurde damals im Sinne von Schmutz verwandt. In der Stunde sagte ich aber wohlweislich nichts, denn in den nächsten Strophen gab es ja genug zu erklären:

»Am meisten aber dauert
mich Lottchens Herzeleid.
Das arme Mädchen lauert
recht auf die Blumenzeit.
Umsonst hol' ich ihr Spielchen
zum Zeitvertreib herbei:
Sie sitzt in ihrem Stühlchen
wie's Hühnchen auf dem Ei.

Ach, wenn's doch erst gelinder
und grüner draußen wär'!
Komm, lieber Mai, wir Kinder,
wir bitten gar zu sehr!
O komm und bring' vor allem
uns viele Veilchen mit!
Bring' auch viel Nachtigallen
und schöne Kuckucks mit!«

Wie angenommen, brauchten die Erklärungen für das Hühnchen auf dem Ei, Steckenpferdchen, Schlittenfahrten, Abendspiel, Blindekuh und Pfand ihre Zeit. Schließlich beschränkte sich Seniorboy auf das Absingen der ersten beiden Strophen. Und die Männer sangen es wirklich schön, mit Inbrunst und freuten sich an den Gesangsstunden.

Am Tag des Ausflugs war das Wetter sogar spätsommerlich schön, und unsere Landpartie ging in aufgekratzter Stimmung los. Wir machten uns in einer Prozession, flankiert von den TN mit Fahrrad, auf den Weg zur U-Bahn. Es war lustig, zum ersten Mal außerhalb des Klassenzimmers mit ihnen unterwegs zu sein. Alles fällt draußen leichter, auch die Wortschatzarbeit. Als wir im großen Pulk an der Ampel stehen, rufe ich »grün«, und Baschar, sonst nicht gerade ein Schnellmerker, freut sich, weil ihm sofort klarwird, dass Grün wohl eine Farbe ist. Wir machten Witze, versuchten den Pulk zusammenzuhalten und trieben die Nachzügler an – es war, als wäre ich mit einer zwanzigköpfigen Jungsclique unterwegs.

Am Anfang war es schon seltsam, im Unterricht meistens nur unter Männern zu sein – aber dann war es auch so interessant und kurzweilig und nett, und ich dachte mir, mein Gott, alle wollen den Kindern helfen, den Frauen und Familien, aber um männliche Geflüchtete muss sich ja schließlich auch jemand kümmern. Allerdings hebt sich das Niveau merklich, wenn mal ein oder zwei Frauen im Kurs sitzen.

Im Park hat man große Schaukeln aufgebaut, die natürlich alle ausprobieren wollen – aber manche der jungen Männer setzen sich ganz ungeschickt auf die Schaukeln und machen gar nichts – schauen aber ein bisschen bedrückt, wenn sie sehen, wenn der Nachbar hoch in den Himmel fliegt. Sind das jetzt kulturelle Unterschiede – richtige Männer schaukeln nicht –, oder wissen sie nicht, wie man Anschwung holt? Gibt es in Syrien oder Afghanistan keine Spielplätze mit Schaukeln, oder hatten sie bislang keine Gelegenheit zu schaukeln? Ahmed hat zum Ausflug einen Hipster-Freund mitgebracht, einen Jugendlichen mit total stylisher Frisur, schicken Jeans, der schon bald einen nagelneu blitzenden Selfie-Stick, sein Deppenzepter, auspackt und unseren Aufzug fotografiert. O nein! Wenn das die Pegida-Leute sehen würden – Skandal! Berlin zahlt Selfie-Sticks für »Flüchtlinge«!!! (Dabei ist durchaus möglich, dass der junge Mann mit dem Deppenzepter gar kein Geflüchteter war, sondern ein Freund oder ein Verwandter, der schon länger hier ist. Geflüchtete Menschen haben durchaus auch ganz normale Beziehungen zu anderen Menschen in der Stadt.)

Im Garten angekommen, fühlen sich alle sehr geehrt und gerührt, dass die bosnischen Frauen extra für sie gekocht haben, und bedanken sich einzeln bei jeder mit Händedruck und Verbeugung. Auch der Auftritt und die ›Komm lieber Mai‹-Performance sind ein toller Erfolg.

Nach dem tollen Picknick im Garten, nach Suppe, selbstgebackenem Brot, Tee, Kaffee und Gebäck, zeigen unsere TN, egal aus welchem Land, eher weniger Interesse am Konzept »interkulturelle Gemeinschaftsgärten«, an Hochbeeten und Kürbisvielfalt. Die jüngeren aus der Syrien-Clique fragen nach Seniorboys Gitarre und posieren nacheinander auf nahezu schwülstige Art mit einem romantischen Gesichtsausdruck unter dem Rosendurchgang mit der Gitarre. Als alle endlich ein romantisches Foto mit Gitarre unterm Rosenbogen haben, ist der Nachmittag fast zu Ende. Für sie ist es ein total gelungener Ausflug, ein Highlight – und für mich auch. Auf dem Heimweg zur U-Bahn-Station habe ich Sorge, dass die TN das System Kurzstrecke nicht verstehen. Wir haben zwar genug Kurzstreckentickets für alle besorgt, aber die Mehrzahl will nun auf einer längeren Strecke selbständig zurück zum Heim fahren. Ich erkläre ihnen, leicht überbetreuend, dass sie mit dem Kurzstreckentarif unter Umständen nicht bis zu ihrer Station fahren könnten. Dass sie, falls sie kontrolliert werden, unter Umständen Schwierigkeiten bekommen, wenn sie nur das Kurzstreckenticket haben. Aber Wazim winkt ab:

»Don't worry about us. When they control us, we say« – und er wechselte zu einer geheimnisvoll raunenden Stimme – »Syrien!«

Damals, im September 2015 war noch so eine Stimmung, da hätte man den Geflüchteten das Schwarzfahren angesichts der historischen Stunde und der Politik des freundlichen Gesicht-Zeigens noch nachgesehen.


## Abschied von Alpha

Im Dezember kam eine neue Lehrerin dazu, eine Kreuzberger Künstlerin mit viel Zeit zwischen zwei Projekten. Wir brauchten eigentlich niemanden, denn es kamen gerade wenig Schüler. Nur nach Alphakursen wird immer wieder gefragt, aber die bieten wir nicht an. Alphabetisierung ist eine lange, mühevolle Angelegenheit, sagen die Kolleginnen, ein schwieriger Prozess, der nur mit mehreren Stunden täglichem Unterricht in Gang kommen kann, und keiner von uns traut sich das, hat eine Ausbildung oder die Zeit dazu. Die offiziellen Alphakurse sind in Berlin total ausgebucht, und wer nicht aus Syrien, dem Iran, Irak oder aus Eritrea kommt, hat keine Chance, an einen Kurs zu kommen. Denn es werden von offizieller Seite wenige Alphakurse angeboten, weil es zu wenige Lehrkräfte gibt, und die Qualifizierungskurse für das Erteilen von Alphakursen sind überlaufen, es gibt lange Wartezeiten. Viele Leute aus Syrien und Afghanistan, die nicht studiert haben, sind nicht in der lateinischen Schriftsprache alphabetisiert, sie sind Zweitschriftlerner.

Judith hat nach eigener Aussage nur vor Jahren ein windiges Zertifikat bei einer Sprachschule gemacht, konnte aber damit im Ausland an Schulen unterrichten. Von Alphabetisierung hat sie keine Ahnung. Wir stehen zusammen im Flur, als zufällig gerade eine Gruppe von Männern kommt und nach einem Kurs fragt. Sie können aber die lateinische Schrift weder lesen noch schreiben. Ich will sie wegschicken, aber Judith sagt den Männern, sie könnten nächste Woche zu ihr in den Unterricht kommen. Und so eröffnet sie kurzerhand aus dem Nichts heraus einen Alphakurs. Übers Wochenende verschafft sie sich einen Überblick über die Alphabetisierungsmaterie und nimmt die Silbenmethode eines Lehrwerkes als Basis, erstellt zusätzlich ein Buchstaben-Schreibheft und ein Leseheft. Und weil sie ja Künstlerin ist, bastelt sie meterlange Papierrollen, auf denen groß die Buchstaben und ganzen Silben stehen, und pinnt sie an die Wand. Es ist ein mühsames Buchstabieren und Silbenverbinden, aber während die Kundschaft in unseren Anfängerkursen immer schwankt, manchmal auch nach Wetterlage, bleibt es bei ihr konstant voll. Es kommen sehr engagierte Männer aus Afghanistan, Pakistan, Syrien und verschiedenen afrikanischen Ländern. Wenn ich zwanzig Minuten vor Unterrichtsbeginn in den Kursraum komme, sitzen sie bei Judith im Nebenzimmer schon an ihren Tischen. Judith fängt jetzt auch immer früher an, weil halt alle schon früh da sind. Manche sind in ihrer Muttersprache alphabetisiert, manche haben noch nie einen Stift in der Hand gehalten. Allen hat sie versprochen, ihnen das Lesen und Schreiben beizubringen. Manche glauben nicht, dass sie es schaffen, manche wurden ihr Leben lang nicht für voll genommen, für blöd gehalten und sind völlig perplex, wenn einer ihrer von ihnen selbst für »dumm« gehaltenen Freunden plötzlich zu schreiben beginnt. Wenn sie ihren Namen schreiben sollen, »spicken« sie auf ihren vorläufigen Papieren und Aufenthaltsgestattungen, wie er geschrieben wird. Nach vier Monaten ist wirklich geschafft, was Judith ihnen versprochen hat – sie können lesen und schreiben.

»Wie hast du das gemacht?«, fragen wir anderen aus dem Team.

Judith meint, es war die Kontinuität, drei Tage pro Woche, immer die gleiche Lehrerin über vier Monate. Das hat den Leuten Halt in ihrem absolut unsicheren Leben gegeben, deshalb ist ihnen der Kurs so wichtig geworden. Sie meint, jeder Kurs wäre »einfach«, wenn man Leute vor sich sitzen hat, die wirklich wollen und keine andere Chance haben im Leben.

»Wenn du mal Schüler auf einer weiterführenden Schule in einem unserer europäischen Wohlstandsländer unterrichtet hast, die null Bock haben, Deutsch zu lernen, und wo du dich die Hälfte des Unterrichts verausgabst, die zu motivieren, dann bist du froh um solche Teilnehmer, die konzentriert dabei sind und alles dankbar annehmen«, sagt sie.

Im Mai kommen alle zur letzten Stunde, zu Judiths Abschied, sie verlässt Berlin für ein paar Monate. Es gibt eine kleine Abschiedsfeier, eine Kollegin bringt einen Kuchen mit, und dann stehen die Männer des Alphakurses Schlange, um sich von ihrer Lehrerin zu verabschieden. Leute, die in Wohnheimen leben und selbst nichts haben, bringen ein Geschenk mit. Kleidungsstücke, Schals, Oberteile, die sie sich in einem Kaufhaus ausgesucht haben, ein traditionelles Tuch aus Afghanistan. Als der einundzwanzigjährige Sami an der Reihe ist und Judith lange umarmt, springen ihm die hellen Tränen gerade so aus den Augen heraus, und ich muss fast mitheulen. Warum ist das alles so emotional hier?

Auf Seite der TN ist es eben diese große Dankbarkeit, dass ihnen diese vorher unbekannte Frau Tag für Tag das Schreiben, Buchstabieren, Silben bilden, Silben verbinden beigebracht hat. Und bei der notorischen Unfreundlichkeit vieler Berliner Behörden, Sicherheitskräfte, Heimleitungen und Angestellten in der »Unterbringungsbranche« kann es durchaus sein, dass sie mit Judith die erste Person in Deutschland getroffen haben, die ein bisschen freundlich zu ihnen war.

Ich bewundere Judith, wie sie das macht, mit einer Konsequenz und Ernsthaftigkeit und ohne Firlefanz. Zwei Kolleginnen sind bei ihr auch in die »Buchstabier-Lehre« gegangen, weil sie überlegt haben, den Alphakurs weiterzuführen. Für mich ist das nix, mir ist es zu mühsam und auch zu langweilig, ich bin eher der narrative Typ. Ich finde es toll, wenn ich mich nach Wochen des Vorstellens und den ersten Dreiwortsätzen endlich so langsam ein bisschen mit den TN auf Deutsch unterhalten kann. Wochenlanges Silben verbinden würde ich nicht aushalten.

## Die Weihnachtsfeier

Bei einem unserer monatlichen Plena, ich war noch relativ neu, frage ich naiv in die Runde: Machen wir denn eine Weihnachtsfeier (als Freiberuflerin leide ich jedes Jahr darunter, zu keiner einzigen Weihnachtsfeier eingeladen zu sein). Entsetzensblicke der Aktivistinnen:

»Du meinst wohl eine Jahresendfeier? Das haben wir letztes Jahr gemacht, das war ganz schön.«

Seniorboy: »Aber warum denn keine Weihnachtsfeier? Die Leute sollen doch unsere Kultur kennenlernen.«

Eisiges Schweigen, aber kein Widerspruch – unserem Seniorboy kann man so was noch durchgehen lassen –, oder man hat vor seiner Hartnäckigkeit resigniert. Weil er sowieso sein Ding macht. Wir können es ja Jahresendfeier nennen, schlug ich vor, aber dann schon so mit Stollen und Plätzchen und Weihnachtsliedern, oder? Wir können ja so ganz unideologische, neutrale, areligiöse Lieder singen, schlug ich vor: ›Oh Tannenbaum‹ zum Beispiel, da kommt gar kein Gott oder Jesuskind drin vor. Oder ›Leise rieselt der Schnee‹ – obwohl, überlegte ich laut: »Freue dich, s' Christkind kommt bald« heißt es ja da. Aber ›Stille Nacht‹ – nee, geht nicht: »Gottes Sohn, o wie lacht«. ›Oh du Fröhliche‹? Da heißt es: »Welt ging verloren, Christ ward geboren« ... hm. Der Punkt wurde vertagt. Wie so oft regelte sich aber dann alles wie von selbst aufs Schönste. Die Jahresendfeierfraktion war zeitlich verhindert, in der Riesen-WG einer Kollegin deckten wir den Tisch mit Christstollen, Gebäck, Lebkuchen, Nüssen und Orangen, zündeten den Adventskranz an und Seniorboy, Rudi, die Kolleginnen und ich sangen stundenlang sämtliche Weihnachtslieder, während eine Optimistin mit einer Gruppe zuerst zaudernder, dann begeistert werkelnden TN einen Weihnachtsbackworkshop in der Küche einrichtete.

Die TN waren gerührt und beeindruckt, die christlichen, französischsprachigen Afrikaner kannten ›Petit Papa Noël‹. Zum Schluss, als wir auch die abseitigsten Lieder gesungen hatten, die ich tief in meiner katholischen Sangesvergangenheit hervorgegraben hatte – zum Beispiel ›Macht hoch die Tür‹, ›Wir sagen euch an den lieben Advent‹, ›Josef, lieber Josef Mein‹ und ›Maria durch den Dornwald ging‹ – und uns nun wirklich kein Lied mehr einfiel und unsere TN aber immer noch was hören wollten, sang ich ein sehr trauriges eigenes Lied. Es heißt ›Ich muss immer an dich denken‹. Ich erklärte den TN in meinem holprigen Französisch, um was es geht:

»Je pense à cette homme tout le temps – mais lui – il ne pense jamais à moi.«

Die TN, vor allem die Westafrika-Clique, machten sehr betroffen mitleidige, aber auch verständnisvolle Gesichter. Das Lied hat keinen Refrain, aber einen kleinen rhythmischen Höhepunkt:

»Ich muss immer an dich denken. Warum? Warum? Warum? Warum?«

Die W-Fragen hatten wir bereits durchgenommen und beim »Warum?« klatschten sie begeistert den Rhythmus. Bei der Zugabe wurde der Warum-Part dann von allen schon begeistert mitgesungen und perkussiv begleitet. Nie zuvor war das Lied so temperamentvoll gespielt worden. Dann hob Mahamoud zu singen an und sang, ganz ohne Begleitung, ein Lied aus seiner Heimat Mali – zuerst auf Bambara, dann auf Französisch. Ich verstand so ungefähr:

»Seht mich an, ich bin allein in der Fremde.
Wer weiß, ob ich zurückkommen werde.
Meine Hose ist zerrissen, mein Haar ist zerzaust.
Ich bin in der Fremde, ich kenne keinen hier,
aber ich beschwere mich nicht.«

Das war sehr schön.